Elite Dangerous - Das inoffizielle Handbuch
Teil 1: Anfänger

www.ed-howto.de

Druck durch Amazon Media EU S.à r.l.
5 Rue Plaetis
L-2338, Luxembourg

ISBN: 9781795446389

Imprint: Independently published

Bibliografische Information der Deutschen Nationalbibliothek
Die Deutsche Nationalbibliothek verzeichnet diese Publikation in der
Deutschen Nationalbibliografie; detaillierte bibliografische Daten sind im
Internet über http://dnb.dnb.de abrufbar.

Inhaltsverzeichnis

1. Über dieses Buch

Du findest hier alles, was Du als Anfänger und mäßig fortgeschrittener »Kommandant« im Elite Dangerous Universum wissen musst.

Von den »Was Du Dir am besten mit einem post it an den Bildschirm klebst«-Tipps über die Grundlagen für erfolgreiches Navigieren, Erkunden, Handeln, Kämpfen, Ausstatten von Schiffen bis zu einigen Tricks, die das Leben leichter machen. Es gibt also einiges zu entdecken.

Du hier nichts was Du völlig kostenfrei und als gute Grundlage in den Tutorials von Elite in 20-30 Minuten selbst herausfinden kannst. Wenn Du auf der Suche nach der »Anleitung zum schnellen Geld« bist, schau Dich bei Youtube um, da gibt es diese Videos zu Hauf. Elite ist aber viel mehr als »zur Anaconda in einer Woche«. Es ist Freude am Wachsen und Gedeihen, am Spiel an sich und am Knüpfen von Freundschaften (gut, dem ein oder anderen versohlt man lieber mal das Blech, aber solche gibt's immer und auch dafür findest Du hier das richtige Handwerkszeug).

In anderen Worten: Dieses Buch ist das, was den Unterschied macht zwischen dem langsamen Herausfinden der wichtigsten Sachen die man für Elite Dangerous wissen muss und einer **unbeschwerten Zeit mit reichlich Fortschritt und einem »AHA« Moment nach dem anderen.**

Dieses Buch wendet sich an Einsteiger und leicht fortgeschrittene Kommandanten (und der ein oder andere »Profi« findet vielleicht auch noch was nützliches). Es kann natürlich nicht alles was in Elite Dangerous vorkommt behandeln, sehr wohl aber alles, was Du in den ersten Stunden, Tagen ja Wochen in Elite wissen musst, um ein erfolgreicher Kommandant zu sein.

Die Gliederung mag Dir zuerst willkürlich erscheinen, hat aber eine funktionelle Struktur:

Zuerst wirst Du auf wenigen Seiten mit den **»Hätte ich das früher gewusst«** Sachen konfrontiert, für den Fall, dass Du einer der »Jaja, jetzt will ich erst mal spielen« Vertreter bist.

Danach gibt es eine **sachliche Einleitung zum ersten Flug.** Den hast Du da zwar mit Sicherheit aus lauter Neugier schon hinter dir, aber diese Flüge wirst Du noch so oft machen, dass es sehr sinnvoll ist, Dir **alle Feinheiten zum »sich's gemütlich machen und Zeit und Mühe sparen«** zu zeigen.

Das **Navigationskapitel** zeigt Dir dann, wie Du auch weiter entfernte Ziele sicher erreichen kannst.

Dann folgt das **Kapitel Geld.** Wie heute ist das auch im 34ten Jahrhundert ein Kernthema.

Danach erfährst Du alles, was Dir den Frust aus dem Thema **»Schiffskauf und Ausstattung«** nimmt.

Zum Abschluß gibt's dann noch **Tipps für externe Informationsgewinnung** und zum »sozialen« Leben rund um Elite.

Das »Horizons« Paket kann hier leider nicht behandelt werden: Planetare Landungen, Materialsammlung, Schrottsammeln, Schiffe mit den Ingenieuren verbessern, neue Schiffstypen, Waffenverbesserungen etc. sind Thema eines weiteren Buchs, das sich speziell mit den Tipps und Tricks befasst, die man im Horizon Pakets braucht. So kann jeder das Buch nutzen, das er auch braucht.

2. Zehn wichtige Infos für einen guten Start

Elite ist – ohne jegliche Übertreibung – riesig und für Anfänger absolut überwältigend.

Umso wichtiger ist es, sich vorab ein paar Dinge klar zu machen, die einem bei Nichtbeachtung die ersten Entdecker-Stunden so richtig zur Hölle machen können.

Die folgenden zehn Tipps sind nicht nach Wichtigkeit geordnet, da man sie alle einmal gelesen und verstanden haben sollte, um sie dann im Hinterkopf zu behalten. Sozusagen das »Rechts vor Links« und »Rechts Gas, Mitte Bremse, Links Kupplung« des 4ten Jahrtausends.

Als elften und zwölften Punkt dieses Kapitels gibt's übrigens eine Sammlung von Statements erfahrener »Kommandanten«, was sie anders machen oder nicht machen würden, würden Sie nochmal neu anfangen. Quasi die Dos und Don'ts der alten Hasen.

2.1.   Grundaufbau der Elite Welt

Beim Aufbau der Elite Welt muss man zwischen der eigentlichen Ausdehnung und der Art zu Reisen unterscheiden.

2.1.1. Das Reisen

Das Reisen selbst ist schnell erklärt, es gibt insgesamt drei »Geschwindigkeitsbereiche«

2.1.1.1. Normale Geschwindigkeit

Nach dem Abdocken von Stationen ist man im regulären Geschwindigkeitsbereich. Geschwindigkeit wird hier in Meter pro Sekunde (m/s) angegeben. Schiffe in Elite sind zwischen ca. 150 und 450 m/s unterwegs. Die Erweiterung Horizons bringt übrigens mit den Engineers Leistungssteigerungen bis über 800 m/s.

2.1.1.2. Supercruise

Wählt man *kein* Sprungziel *außerhalb* des aktuellen Systems an – also entweder gar kein Ziel, oder ein Ziel *innerhalb* des Systems – dann gelangt man nach Laden des Sprungantriebs in den sogenannten »Supercruise«. Dieser erlaubt schnelles Reisen innerhalb eines Systems. Hier werden Geschwindigkeiten von wenigen Kilometern pro Sekunde (km/s, zu Beginn und in Nähe großer Massen) bis hin zu 800-facher Lichtgeschwindigkeit (c) erreicht.

2.1.1.3. Hypersprung

Wählt man ein Sprungziel *außerhalb* des aktuellen Systems an ktiviert man damit den Sprungantrieb. Dass sich ein System außerhalb des Systems befindet, in dem man gerade ist, erkennt man in der Navigations-Kurzliste am Systemnamen oder der Endung »ly« hinter der Entfernung.)

Nach vollständigem Laden des Antriebs und dem Ausrichten des Schiffs zum Ziel beginnt ein kurzer Countdown, gefolgt vom Sprung durch den »witch space«. Am Ziel angekommen befindet man sich auf direktem Kurs zum Hauptstern in dessen unmittelbarer Nähe. Zeit den Antrieb auf Null zu stellen, sonst landet man nämlich genau da, wohin die Nase zeigt: im Stern.

2.1.2. Der Aufbau der Elite-Welt

Auf den **detaillierten Aufbau der gesamten Elite Welt** kann in diesem Kapitel nicht vollständig eingegangen werden, zu komplex ist dessen Aufbau. Für die gleich folgende kurze Einführung solltet Ihr Euch trotzdem die Zeit nehmen, umso einfacher findet Ihr Euch zurecht.

2.1.2.1 Die Galaxie

Die Galaxie basiert grundlegend auf unserer »realen« Galaxie und enthält weitestgehend alle uns derzeit bekannten Systeme (neben einer Vielzahl weiterer).

2.1.2.2. Die Blase (engl. Bubble)

Die Blase ist der Bereich der Galaxie der, ausgehend von SOL, besiedelt wurde. In diesem Bereich trifft man die meisten anderen »Kommandanten«. Außerdem trifft man hier auch am häufigsten auf Computer-Charaktere wie Piraten, Ordnungshüter und Andere. Außerhalb der Blase gibt es ein weiteres besiedeltes Gebiet namens »Colonia«, den Katzensprung von »nur« etwa 22.000 Lichtjahre entfernt.

2.1.2.3. Die Systeme

Die Systeme bestehen jeweils aus einer klaren, aber doch stark individualisierten Struktur. Neben einem oder mehreren Hauptsternen findet man (im bewohnten Bereich) ein Leuchtfeuer, Planeten, Monde und allerlei andere interessante Gebiete, Signalquellen und mehr.

2.1.2.4. Die Planeten

Die Planeten sind vielfältig. Im Erweiterungspaket »Horizons« kann man auf ihnen sogar teilweise landen und die Oberfläche befahren. Teilweise, da das ausschließlich auf atmosphärenfreien Planeten möglich ist. Planeten mit Atmosphäre sind für Updates der nächsten Jahre (!) geplant.

2.1.2.5. Die Stationen

Stationen findet man, wie Planeten auch, auch in verschiedenen Ausführungen, von der großen Agrarstation mit bewohntem Habitat-Ring bis zur kleinen (Piraten-)Station in einem ausgehöhlten Asteroiden. Alle mit unterschiedlichen Einrichtungen vom Schwarzmarkt bis zur Schiffswerft und in verschiedenen »Qualitäten«.

> **Viel wichtiger als diese Grobe Struktur in allen Einzelheiten zu durchleuchten sind die politischen Strukturen, die den gesamten Spielverlauf betreffen.**

2.1.3. Der Aufbau der Elite-Welt – Globale Mächte

Die globalen Mächte sind in drei Machtblöcke eingeteilt:

- die Förderation
- das Empire
- die Unabhängigen.

Letztere ist ebenso in sich zerstritten wie die Erstgenannten. Wie im echten Leben.

Die Hauptfiguren des Empires sind Mitglieder der Familie des Herrscherhauses, bei der Föderation zwei mehr oder weniger gemäßigte und mehr oder weniger gewählte Politiker, bei den Unabhängigen ein bunter Haufen Machtmenschen vom Utopisten bis zum Unternehmer.

Die Systeme wiederum sind auf der globalen Ebene (sog. Powerplay) von den Hauptfiguren ausgebeutet oder kontrolliert, auf der eigentlichen lokalen Ebene aber von sogenannten kleinen Fraktionen besiedelt.

Die kleinen Fraktionen sind entweder Gruppierungen die computergeneriert sind, oder solche, die von Spielergruppen angemeldet und unterstützt werden.

Die meisten dieser von Spielern unterstützten Gruppen heißen so wie die Spielergruppe auch.

Es gibt aber Ausnahmen, nämlich wenn eine Spielergruppe sich entschieden hat, eine kleine Fraktion zu »adoptieren« und ihr zuzuarbeiten, ohne dass von außen sofort ersichtlich ist, dass zwischen der computergenerierten Gruppierung und der Spielergruppe eine Verbindung besteht.

Sprich das ist der Sonderfall einer Computerfraktion, die mehr oder weniger heimlich von Spielern unterstützt wird. Das ist bei kleineren Gruppen beliebt, da man weniger »Angriffsfläche« gegenüber anderen Spielergruppen bietet, bei manchen Gruppen gehört dies aber nicht zum roleplay, sondern auch und vor allem zum Verhalten der Gruppe.

Stationen und Planetenbasen im System werden von den kleinen Fraktionen kontrolliert. Je nachdem, ob man als Spieler – egal ob Teilnehmer einer Fraktion oder nicht – dieser Station gutes tut oder ihr schadet, sei es durch Handel, Kampf, Missionen oder Spenden, kann man – teilweise in nicht unerheblichem Ausmaß – Einfluss auf die »Bewohner« der Station nehmen.

Computer-Charaktere sind in der Regel einer der kleinen Fraktionen angeschlossen. Ihnen Böses zu tun – oder einen Kriminellen dieser Fraktion dingfest zu machen – hat ebenfalls Einfluss auf die politische Lage. Das Gleiche gilt für andere kriminelle Aktivitäten.

Spieler können sich als Anhänger einer der Hauptfiguren erklären oder Mitglieder eines Geschwaders sein.

Diese Gesamtübersicht mag auf den ersten Blick sehr kompliziert und – noch schlimmer – chaotisch erscheinen. Tatsächlich ist sie aber ein **wohl durchdachtes Konstrukt**, das Spielern ermöglicht – auch politisch - am Geschehen teilzuhaben, sie aber **nicht zwingt, eine bestimmte Rolle einzunehmen.**

Viele »Kommandanten« wählen **eine Rolle** im Elite Universum, die **nicht auf eine bestimmte kleine Fraktion, eine Hauptfigur oder eine Globale Macht begrenzt ist.** Tatsächlich sind die strengen Vertreter einer politischen Linie in der Minderheit, am häufigsten sind »Kommandanten«, die mit Freude am sogenannten Hintergrundsimulator (BGS) arbeiten, d.h. die politischen Verhältnisse in den Systemen gezielt im Sinne einer Überzeugung oder für eine kleine Fraktion beEinflussen.

Elite ist kein festes Spiel im klassischen Sinne, sondern ganz nach Vorliebe das, was man ganz persönlich FÜR SICH daraus macht.

2.2. Rebuy

Für den gar nicht so unwahrscheinlichen Fall, dass einem das Schiff unterm Hintern weggeballert wird, oder man durch einen Bedienfehler oder durch eine Unachtsamkeit sein Schiff verliert, gibt es in der Elite Welt eine **Pflichtversicherung.**
Diese Versicherung ersetzt einem das gesamte Schiff nebst Bewaffnung und Modifikationen (leider keine Fracht), allerdings **unter einer Bedingung:**

Man hat genug »freies« Geld um die Selbstbeteiligung im Schadensfall zu bezahlen.

Die Selbstbeteiligung beträgt im Normalfall 5% des Wiederbeschaffungswerts. Bei einem Schiff für 10 Millionen Credits also 500.000 Credits.

Zu finden ist der aktuelle Wert der Selbstbeteilung im Schiff:
Ansicht nach rechts (Standard, um diese Ansicht aufzurufen ist Taste »4«) > Status > Links unten > Freies Geld > Selbstbeteiligung

Wichtig ist, dass man diese Selbstbeteiligung wirklich zur Verfügung hat. Beim Ausfall kleinerer Schiffe kann man durch eine Art **Darlehen** evtl. noch einen Teil der Kosten oder den gesamten Betrag kompensieren (das Darlehen wird im Laufe der Zeit vom erzielten Einkommen abgezogen), bei größeren Schiffen oder Summen reicht dieses Darlehen aber nicht aus und es kommt zur **Katastrophe:**

Das eigene Schiff kann nicht ersetzt werden und man verliert damit den Gegenwert der gesamten Wiederbeschaffungssumme. Dieser Betrag kann bei größeren Schiffen mehr als 300 Millionen Credits (z.B. Python) und bis zu 1.5 Milliarden Credits (z.B. Imperial Cutter) betragen.

Ich habe im Laufe der Zeit mehrere »Kommandanten« erlebt, die von größeren Schiffen wie der Anaconda oder der Federal Corvette mit einem Verlust in dreistelliger Millionenhöhe wieder zurück in kleinere Schiffe mussten. Nun sind kleinere Schiffe zwar meist spaßiger zu fliegen, der verlorene Geldbetrag nebst den verlorenen Möglichkeiten in Sachen Passagiertransport, Frachttransport und Kampf tun aber weh. Über die Frustration diese »Kommandanten« zu schreiben fällt mir mangels passender Worte wirklich schwer.

Merke:

**Die Selbstbeteiligung im Schadensfall
ist essentiell wichtig.**

2.3.   Fuel Scoop [Modul]

Reisen in Elite Dangerous ist weder besonders beschwerlich noch besonders gefährlich.

Mit einer Ausnahme:

Spritmangel!

Alle Schiffe halten genug Treibstoff für mehrere Sprünge vor, die meisten Schiffe schaffen deshalb auch ohne Zusatztanks oder andere Hilfsmittel **zwischen 50 und 150 Lichtjahre an Reichweite.**

Vor allem kleinere und leichtere Schiffe, vor allem diejenigen, die eher für Kurzstreckenbetrieb und Kampfeinsätze ausgelegt sind, haben **bedenklich kurze Reichweiten** durch sehr kleine Kraftstofftanks.

Es empfiehlt sich deshalb dringend, bei der Reiseplanung in der Galaktischen Karte genau hinzusehen. Solang die Linie, die die einzelnen Zwischenziele miteinander verbindet, durchgezogen ist, ist alles gut. Gestichelte Linien bedeuten, dass Du ab da nicht mehr genug Kraftstoff hast.

Merke:

Gestrichelte Linie = In diesem Bereich nicht genug Kraftstoff.

Der weise »Kommandant« installiert in jedem Schiff, das nicht für den Nahverkehr genutzt wird ein **Fuel Scoop.** Dieses Modul (installiert im optionalen Bereich des Schiffes) nimmt nur wenig Platz weg, belastet das Schiff nicht mit zusätzlichem Gewicht und ermöglicht das kostenlose Tanken an dafür geeigneten Hauptsternen. (Der Stern-Typ wird unter anderem beim Initiieren eines Sprungs ins nächste System angezeigt – oder eben auf der galaktischen Karte. Hauptsterne haben in der Navigations-Kurzliste einen Stern als Kennzeichnung.)

Die Definition von »geeignet« ist dabei recht einfach: Alle Sterne der Kategorien **KGB FOAM** füllen einem den Kraftstofftank in Null Komma Nix (abhängig von der Größe des Fuel Scoop und des Treibstofftanks) auf.

Merke:

Als KGB FOAM (und nicht alphabetisch sortiert) kann man sich diesen Begriff mit einer wunderbaren Eselsbrücke merken: Vladimir Putin im Schaumbad. Na? Once you've thought it...

Um das Fuel Scoop zu benutzen, bitte bei Aktivierung des Sprungantriebs die Meldung lesen und den Typ des Hauptsterns heraus finden. (Wer das noch nicht gemerkt hat, wenn man den Sprungantrieb aktiviert kommt kurz die Meldung, was es für ein Stern ist, zu dem man gerade aufbricht.)

Dann nach dem Sprung langsam (!) an den Hauptstern heran tasten bis das Fuel Scoop ausklappt. Danach kannst Du langsam näher an den Hauptstern »kuscheln« solange Du darauf achtest, dass die Temperatur nicht über 100% steigt. 80% sind ideal.

Solltest Du dem Hauptstern einmal zu nahe kommen und in den normalen Geschwindigkeitsbereich zurückfallen, bitte **ruhig bleiben**. Es passiert nicht viel, solange man die Nerven behält. Einfach stoppen und warten bis der blaue Kringel für das Abkühlen des Sprungantriebs verschwunden ist.

Während der Wartezeit bitte das linke Schiffsfenster öffnen (Standard: Taste »1«) und im »Navigation« Bereich irgendetwas im derzeitigen System anwählen.

Dann den Sprungantrieb laden (Standard: Taste »J«) und dem Fluchtvektor (blauer Kreis, der Kompass hilft ihn zu finden) folgen. Nach dem Sprung in den Supercruise Vollgas geben und die sprühenden Funken genießen. **Der – minimale – Hitzeschaden der dabei entsteht ist an der nächsten Station schnell repariert.**

Solltest Du **trotz Fuel Scoop einmal stranden,** notiere Dir bitte Deinen genauen Standort:

- Welches System?
- Wie weit vom Hauptstern?
- In der Nähe irgendeines markanten Punktes?

Danach verlässt Du bitte den aktiven Teil von Elite und begibst dich ins Hauptmenü (das verbraucht nicht Deine letzten Tropfen an Kraftstoff).

Öffne einen Browser Deiner Wahl und besuche dann

https://fuelrats.com

Die »**Fuel Rats**« sind eine seit Erscheinen von Elite Dangerous bestehende Spielergruppe, die auf die Rettung wegen Spritmangels gestrandeter Piloten spezialisiert sind. Diese speziell trainierten und hochprofessionellen Retter – deren Hauptberuf vom Entdecker bis zum Piraten reicht – kommen auf Anfrage kostenlos und hilfsbereit mit einem Kanister Treibstoff zur Rettung geeilt.

2.4.   Der Energieverteiler [Modul]

Kommen wir zum mit Abstand wichtigsten Modul des Schiffs, zum Energieverteiler.

Der Energieverteiler sorgt für die sinnvolle Verteilung der Kraft (eigentlich: der Hitzeableitung) innerhalb des Schiffs.

Es handelt sich um ein Pflichtmodul, das **immer in der größten Größe installiert werden sollte.** Der Energieverteiler bestimmt unter anderem die Dauer zwischen möglichen Boost Vorgängen und die mögliche Feuerdauer. Salopp gesagt die Geschwindigkeit, in der die drei »Hauptenergiearten« aufgeladen werden und die Größe der möglichen Speicher.
Der Energieverteiler ist auch im Instrumentenbrett vertreten und will – weise (!) – bedient sein. Schau einfach auf der rechten Seite, links von der Tankanzeige nach den drei Säulen und den Abkürzungen **SYS, ANT, WAF und RST.**

RST steht für RESET und hat die Pfeil-nach-UNTEN Taste voreingestellt. Einmal gedrückt verteilt es die sechs »Pips«, (die gefüllten Punkte unter den kleinen Balken), auf alle drei Teile gleichmäßig, also 2-Pips-pro-Teil.

SYS steht für SYSTEM und hat die Pfeil-nach-LINKS Taste voreingestellt. Jedes drücken dieser Taste teilt Sys einen »Pip« mehr zu.

Ganz wichtig: 4-Pips-in-SYS stellt 250% Schildstärke verglichen mit 0- Pips-in-SYS zur Verfügung. Überdies werden die Schilde deutlich schneller geheilt!

Merke:

Man sollte also Immer und ausnahmslos 4-Pips-in-SYS einstellen, wenn man nicht 100%ig in Sicherheit ist.

ANT steht für ANTRIEB und hat die Pfeil-nach-OBEN Taste voreingestellt. Jedes drücken dieser Taste verteilt einen »Pip« mehr in ANT.

Je mehr Pips in ANT, desto agiler ist das Schiff und desto schneller ist der Booster wieder aufgeladen.

WAF steht für WAFFEN und hat die Pfeil-nach-RECHTS Taste voreingestellt. Jedes drücken dieser Taste verteilt einen »Pip« mehr in WAF.

Je mehr Pips in WAF, desto länger ist die Feuerdauer und desto höher ist das Niveau im Reservoir von WAF (Säule oberhalb der Pips) – ein höheres Niveau in WAF bedingt geringere Hitzeentwicklung bei Benutzung der Waffen.

Das ist am Anfang eher unwichtig, wird aber bei steigender Komplexität und Größe der verwendeten Schiffe immer wichtiger. Auf einen hohen Stand des WAF Niveaus zu achten ist also schon Anfangs eine Gute Idee im Sinne »was ich mir am Anfang schon angewöhne hab ich im Schlaf drin wenn es wichtig wird«.

In jedem Kampf, egal ob in einer Sidewinder oder einer Federal Corvette, muss die Bedienung des Energieverteilers, und damit sowohl das Energie- als auch das Hitzemanagement absolute Priorität haben.

Merke:
Der Energieverteiler ist der entscheidende Faktor!

2.5.   Die Acht Sekunden Regel

Diese Regel beschreibt nicht, wie lange ein Hustenbonbon auf dem Raumschiffboden gelegen haben darf, dass man es noch gefahrlos essen kann.

Im Supercruise zwischen Planeten beschreibt diese Regel den Zeitpunkt, zu dem man handeln muss. Aber erst mal von Anfang an.

Wenn man im Supercruise auf ein Ziel zu fliegt, sollte man das mit »Vollgas« tun. Wenn man dann noch von größeren Massen (Planeten) weg bleibt, steigt die Reisegeschwindigkeit schnell an und man überbrückt auch Entfernungen die Anfangs mit wahnwitziger Dauer angezeigt werden viel schneller als erwartet.

»Vollgas« ohne Gnade hat allerdings den Nachteil, dass man den Anflug auf ein Ziel komplett vermurkst und mit reichlich Überschussgeschwindigkeit daran vorbei saust. Die Folge ist der »**Kreis der Schande**« (Loop of shame), um zum Ziel zu gelangen. Gesichtsverlust, Zeitverlust, großes Gelächter im lokalen Chat, Asche aufs Haupt streuen, all solche Sachen.

Wartet man nun im Vollgasflug auf den Moment, wenn im Anflugtimer 00:08 gezeigt wird (8 Sekunden, Du siehst worauf das hinausläuft...), und reduziert *dann* den Schubhebel (und damit die Geschwindigkeit) schnell auf den kleinsten (untersten) »blauen« Bereich, befindet man sich in der optimalen Geschwindigkeit für den Anflug.

(Hinweis: Eigentlich geht's hier um 6 Sekunden, das ist die Schwelle der Vernunft... die 8 Sekunden kosten aber nur wenig mehr Zeit und machen die Sache deutlich stressfreier. Wer also mutig ist und es eilig hat, kann ja auch mal die 6 Sekunden probieren.)

> **Merke:**
>
> **Vollgas bis Acht Sekunden.**
> **Dann kleinste Blaue Schubeinstellung für schnellstes**
> **Reisen ohne Extrarunden.**

Der Vollständigkeit halber soll hier aber noch erwähnt werden, dass der »Kreis der Schande« nicht unbedingt ein eben solcher sein muss, der kann einem auch die Haut retten.

Wird man in einem nicht verteidigungsfähigen Schiff **von einem Piraten** – egal ob computergeneriert oder menschlich – **verfolgt**, behält man idealerweise die Einstellung »Vollgas« bei und zielt knapp, sehr knapp (!), am Ziel vorbei.

Das Ziel mit seiner großen Masse verzögert das Schiff dann enorm, nimmt dem Piraten aber die Möglichkeiten zum abzufangen. Direkt nach dem Passieren des Planeten wird der Schub auf »unterste blaue Einstellung« geändert und die Umkehrkurve eingeleitet.

Computergenerierte Verfolger sind in den aller seltensten Fällen in der Lage (und der Position) Dich bei diesem Manöver abzufangen, so dass es sich prima zum Schmuggeln oder für gefährliche Missionen mit Verfolgern eignet.

Menschliche Verfolger müssen dieses Manöver im frühen Stadium als solches erkennen (an dieser Stelle einfach hoffen, Dein Gegner hat nicht auch dieses Buch) und mit einem gut ausgerüsteten und wendigen Schiff mit großem Abfangmodul ein präzises Manöver fliegen, um erfolgreich zu sein. Die wenigsten »Bösen Buben« sind mental und schiffstechnisch für so etwas ausgestattet.

2.6.   Angriffe abwehren

Nicht immer ist man in der Lage einem Angreifer Paroli zu bieten. Sei es, dass man in einem wehrlosen Frachter unterwegs ist, sei es durch den eigenen Status als »Gesetzloser« nach einer anstrengenden (und vielleicht nicht ganz so legalen) Mission.

Wird man im Supercruise von einem Angreifer abgefangen, sollte man als erstes den Schubhebel auf die **Mitte des blauen Bereichs** stellen. In diesem Bereich ist bei allen Schiffen die Möglichkeit der Einflussnahme auf den Abfangvorgang am größten.

Direkt danach schaut man, wer da anklopft. Standard: Taste »H«.

Nun kann man entweder entscheiden, es auf einen »Abfang-Kampf« ankommen zu lassen, dann zentriert man das erscheinende Ziel so gut es geht.

Tipp:

Falls es schwer fällt ein nach außen wanderndes Ziel »einzufangen«, einfach mal in sehr kleinen Schritten am Schubhebel Veränderungen erzeugen. Das benötigt etwas Übung, ist aber ungemein hilfreich.

Wenn man sicher gehen will nicht zerstört zu werden, oder wenn man sieht, dass die roten Blöcke über 50% auf dem Weg nach oben sind – und man damit Gefahr läuft, den Abfangvorgang zu verlieren, ist es sinnvoll aufzugeben. Standard: Taste »X« um den Schub auf 0% zu setzen.

Schub auf 0% liefert einen dem Abfangenden aus, schafft aber, im Gegensatz zu einem verlorenen Abfangvorgang, einige gewaltige Vorteile:

- Kein Schaden beim Eintritt in den normalen Geschwindigkeitsbereich
- Kein wildes Herumschleudern. Volle Handlungsfähigkeit und keine Desorientierung
- Kein Überhitzen des Sprungantriebs. Man kann sich sofort auf die Flucht konzentrieren.

Nach dem Eintritt in den normalen Geschwindigkeitsbereich muss alles **routiniert und schnell** ablaufen um sicher aus einer gefährlichen Situation zu entfliehen.

1. **Schub in den blauen Bereich**
2. **Volle »Pips« in ANT** wie Antrieb (siehe Energieverteiler)
3. **Zum Gegner drehen**, knapp seitlich an ihm vorbei zielen
4. **Boosten**, um hinter den Gegner zu gelangen (Standard: Taste »TAB«)
5. ein **zweites Mal boosten** für maximalen Abstand.
6. Linkes Fenster im Schiff öffnen (Standard: Taste »1«), im Navigationsbereich ein **anderes System anwählen** – zu erkennen am Kürzel »lj« für Lichtjahre
7. Den **Sprungantrieb aufladen**, dabei immer weiter **geradeaus** boosten – keine Kurven fliegen, das ergibt eine schmalere Silhouette und macht Dich zu einem schwereren Ziel. (Standard: Taste »J«)
8. Bei voll geladenem Sprungantrieb ohne zu Boosten **in Richtung Ziel drehen** (Kompass benutzen).
9. Nach Ausrichten auf das Zielsystem **noch einmal boosten,** um das Schiff im Vektor zu fixieren.

Dieser Ablauf stellt sicher, dass man den Gegner in eine Umkehrkurve zwingt. Bis diese abgeschlossen ist, hat man mit maximaler Geschwindigkeit Distanz zwischen sich und dem Gegner erzeugt.

Da alle Waffen auf Distanz an Wirkung verlieren, ist der zu erwartende Schaden dadurch massiv verringert. Durch das Geradeaus-Boosten wird zudem verhindert, dass das eigene Schiff in irgendwelchen Kurven seine »große Seite« zeigt.

Nach dem Sprung ins nächste System ist man bei computergenerierten Gegnern sicher.

Bei menschlichen »Kommandanten« besteht die Möglichkeit, dass diese durch Schätzen der Sprungrichtung oder durch die Benutzung von Scannern das Zielsystem herausfinden und Dir folgen.

In diesem Fall bitte nach dem Eintritt ins Zielsystem vom Hauptstern wegdrehen bis der Sprungantrieb abgekühlt ist (kleines blaues Symbol rechts unter der Tankanzeige).

Nach dem Abkühlen die Geschwindigkeit in den km/s Bereich reduzieren und in den normalen Geschwindigkeitsbereich wechseln. (Standard: Taste »J«)

Im normalen Geschwindigkeitsbereich sofort das linke Navigationsfenster öffnen (Standard: Taste »1«) und ein weitere Sprungziel in einem anderen System auswählen.

Dann den Sprungantrieb laden und in dieses System springen. Diesen zweiten Sprung im nächsten System noch ein weiteres Mal wiederholen und man ist auch vor Spielern sicher.

Der Hintergrund ist, dass das Schätzen der Sprungrichtung das Ausrichten des Verfolgers bedingt. Er muss sein »Opfer« also sehen. Für das Scannen der Sprungwolke muss diese sichtbar sein – es ist also nur jeweils ein sehr kleines **Zeitfenster** vorhanden, um jemanden zu verfolgen. Das wird durch das Springen und das nötige Verfolgen immer schwieriger, so dass spätestens beim dritten Sprung für den Gejagten alles »in trockenen Tüchern« ist.

In Kürze:
- **Wer?**
- **Kämpfen**
- **Aufgeben**
- **4-in-ANT**
- **mitte-blau-Schub**
- **2 x boost**
- **1-NAV → anderes System**
- **Sprungantrieb laden**
- **Voll geladen? Ausrichten und**
- **ein letztes mal Boosten**

2.7.   Docken aber richtig

An Stationen anzudocken ist in den mitgelieferten Tutorials eingehend beschrieben – sollte man meinen.

Im echten Leben gibt es aber eine Vielzahl kleinerer und größerer Tipps und Tricks, die einem das Leben leichter machen.

So kann man bereits im Supercruise den anschließenden Anflug an die Station enorm erleichtern, indem man sich daran erinnert, dass der (einzige) Eingang zu größeren Stationen generell grob in Richtung des dazugehörigen Planeten steht.

Es ist also sinnvoll, bereits im Supercruise Stationen so anzufliegen, dass man zumindest im letzten Teil des Supercruise Anflugs »aus Richtung des Planeten« kommt. Bitte ohne dem Planeten zu nahe kommen – wie im richtigen Leben: **Masse macht langsam, die Anziehungskraft des Planeten verlangsamt Dein Schiff. Eine vermeidbare Verzögerung.**

Einmal im Bereich der Station angekommen, sollte man sich beherrschen und die **Geschwindigkeit unter 100 m/s** halten.

Warum? Ganz einfach: Sollte man bei mehr als 100m/s ein anderes Schiff rammen und zerstören wird die Station einen Angriff starten. Stationen sind groß und machen übel aua. Noch dazu gibt's obendrauf ein auf Dich ausgesetztes Kopfgeld sowie einen kleinen Urlaub im Straflager. Raser sind im 4ten Jahrtausend offensichtlich nicht beliebter als heute.

Übrigens: Selbst wenn das andere Schiff nicht zerstört wird, wird ein kleines Bußgeld fällig. **Langsam fliegen hilft.**

Hast Du Dich der Station auf 7,5km oder weniger genähert musst Du eine Landeerlaubnis beantragen. Wird das unterlassen oder vergessen und Du fliegst trotzdem in die Station beginnt ein Timer, der Dir genug Zeit lässt, in Ruhe aber zügig wieder aus der Station heraus zu fliegen. Schaffst Du das rechtzeitig bekommst Du eine kleine Strafe und das ist alles.

Schaffst Du es allerdings nicht innerhalb der vorgegebenen Zeit, die Station wieder zu verlassen, so fängt die Station an, auf Dich zu schießen und wir haben ja eben schon festgestellt: stinksaure Stationen sind zu vermeiden.

Um die **Landeerlaubnis** zu **beantragen** geht man folgendermaßen vor:

- Linkes Fenster auf machen (Standard-Taste »1«)
- Mit Taste »E« den Tab »Kontakte« anwählen
- Die Station anwählen (Standard-Tasten »W« und »S«)
- Auf den rechten Teil des Fensters wechseln (Standard-Taste »D«)
- Knopf »Landefreigabe anfordern« drücken (Standard-Taste »Space«)

Die Tatsache, dass Du die Landeerlaubnis auch wirklich bekommen hast (ab und an klappt das nicht und Du musst das eben beschriebene Procedere nochmal durchturnen) erkennst Du daran, dass oberhalb des Radars in blau Die Nummer des Dir zugewiesenen Landepads erscheint.

Merke:

Lande ohne Platz bringt Schande.

Bei kleineren Stationen ist die Kapazität begrenzt und es kommt vor allem im »offenen« Spielmodus in der Nähe von gesellschaftlichen Zentren und aktiven Gemeinschaftszielen immer wieder zu Warteschlangen. Man sollte deshalb zügig seine Erledigungen in der Station abschließen und baldmöglichst wieder starten, um den Parkplatz freizugeben. In den Hangar zu gehen reicht nicht aus und so mancher »Kommandant« wurde schon beim Verlassen von kleineren Stationen von anderen Spielern zerstört – aus lauter Zorn über den zu lange belegten Parkplatz (schon wieder wie im täglichen Leben).

Bei größeren Stationen ist die Kapazität durch die maximale Anzahl der Schiffe pro Instanz kein Problem, sehr wohl aber der Anflug. Hilfreich bei »**Coriolis**« **Stationen** – das sind die Dodekaeder, also die fast-Kugeln mit 12 Außenflächen – ist eine **Pfeilanzeige** auf dem linken »Ziel« Hologramm des Armaturenbretts. **Diese Pfeile zeigen auf den Eingang.**

Der Anflug selbst sollte immer langsam (siehe oben – der Urlaub in der Strafkolonie, Du erinnerst Dich) erfolgen und direkt **nach dem Einflug in die Station sollte die Geschwindigkeit weiter reduziert werden.**

Bitte nicht bis zum vollständigen Stillstand, da einem sonst »Auffahrunfälle« den Tag ruinieren.

Das Auffinden der zugeteilten Landefläche wird zudem in der Station durch **Kompass** links vom Radarfeld vereinfacht.

Merke:

Volle Kugel = Voraus
Leere Kugel = Hinter dem Schiff.

Das Landen auf der Landefläche sollte bei allen Schiffstypen – wenn genug Zeit vorhanden ist – so erfolgen, dass man sich noch fliegend **direkt vor die angezeigten holografischen Landenummern** stellt. Sind diese bildfüllend in der Windschutzscheibe zu lesen, befindet man sich ziemlich exakt über dem Landefläche und muss das Schiff nur noch mit leichten Korrekturen (nach links versetzen mit Standard-Taste »Q«, nach rechts versetzen mit Standard-Taste »E«) **mit den Vektor-Schubdüsen absenken.** (Standard: Taste »F«)

Wo genau Du Dich über dem Landepad befindest siehst Du auf dem Radarschirm. Wenn beide Linien, sowohl von rechts nach links als auch die von oben nach unten und die konzentrischen Kreise blau sind befindest Du Dich direkt über dem Punkt, an dem Du landen sollst.

Beim Aufsetzen auf der Landefläche sollte der »Stab« des Schiffssymbols in der **Mitte der im Radarfeld dargestellten Fläche** sein und das Schiff sollte sich halbwegs in horizontaler Lage befinden. Besonders bei größeren Schiffen ist die Lage ein wichtiger Faktor. Die horizontale Ausrichtung des Schiffs korrigierst Du mit der Maus oder Deinem Stick / Controller.

Ein inzwischen seltener aber sehr lästiger Fehler in Elite ist, dass ein Computer Schiff das Landepads, dessen Nummer Dir zugewiesen worden ist, belegt.
Bitte auf **keinen Fall** versuchen, auf diesem Schiff zu landen, es zu beschießen oder zu verdrängen, das geht in die sprichwörtliche Hose.

Stattdessen solltest Du aus der Station hinaus fliegen, die Landefreigabe abbrechen, kurz warten und dann erneut eine Landefreigabe einholen.
In 1-3 Versuchen wird dann meist eine wirklich freie Landefläche zugewiesen.

Falls nicht: Ins Hauptmenü wechseln (Standard: Taste »ESC«) und dort in den **SOLO Spielmodus wechseln**. Dadurch werden die Computerschiffe neu generiert und der Fehler, der mit der Koordination der verschiedenen Spieler innerhalb einer Instanz zusammenhängt, findet nicht statt.

Nachdem Du im SOLO Spielemodus gelandet bist kannst Du wieder in den offenen Modus wechseln und weiter spielen.

2.8.   Schlechte Nachbarschaft

Elite Dangerous beinhaltet eine Unzahl verschiedener Spieler der unterschiedlichsten Herkunft. Vom »reifen« älteren Spieler, der 1984 schon die erste 8 Bit Version gespielt hat bis zum erfahrenen Power Gamer neuester Generation. **Elite schafft es, den unterschiedlichsten Charakteren ein Zuhause zu geben.**

Leider findet aber auch ein bestimmter Menschenschlag in Elite eine Welt, in der er sich so richtig austoben kann: Leute, denen es ungemein Spaß macht, anderen Spielern die Freude an ihren Errungenschaften zu zerstören und ihnen ihre – vermeintliche – Überlegenheit zu demonstrieren.

Von den wirklich vielen Teilnehmern am Elite Universum sind das die allerwenigsten, tatsächlich handelt es sich nur um ein paar Dutzend. Diese tummeln sich glücklicherweise fast immer an den gleichen Stellen, so dass man sich recht gut gegen sie schützen kann.

Leider sind es ausgerechnet die Starter Systeme wie LHS 3447, Eravate, Asellus Primus und LHS 3006 sind beliebte Tummelplätze derer, die in echten Kampfsituationen mangels Wissen und Fähigkeiten nicht bestehen können und sich deshalb dem Serienmörder-Dasein verschrieben haben.
Sie vertreiben sich den Tag um frischen »Kommandanten« in kleinen Schiffen den Garaus zu machen und entschuldigen diese Idiotie mit Argumenten wie »Ich zeige den Entwicklern, dass Elite nichts taugt« oder »Das ist das Salz in der Suppe der Langeweile«.

Alternativ ziehen diese sich klar außerhalb normalen menschlichen Verhaltens stehende Gestalten immer wieder in Systeme wie Wolf 397 oder Deciat zurück, wo sie »Kommandanten« angreifen, die in nicht kampfbereiten Schiffen in diese Systeme fliegen um sich von den **»Engineers«** ihre Module und Waffen optimieren zu lassen.

Wenn sich die Gelegenheit in Form eines aktiven **»Gemeinschaftsszils«** bietet, fliegen diese Gestalten auch dort hin um in ihrer »Rolle« möglichst viel Frustration unter den Teilnehmern dieser Veranstaltungen zu verteilen.

Es ist wichtig, dass diese Zeilen nicht den Eindruck erwecken, Elite hätte Ausmaße am »Spiel verderben« wie seinerzeit Eve Online. **Auch ist es wichtig zu sehen, dass die wirklich überwiegende Menge an »Kommandanten« in Elite – auch und vor allem im Vergleich mit anderen Spielen und Simulatoren – sehr erwachsen, freundlich, hilfsbereit und höflich sind.**

Trotzdem sollte man diese »schlechten Nachbarschaften« meiden.

Wenn Du in den Startersystemen, Engineer Systemen oder Systemen mit aktiven Gemeinschaftschaftszielen unterwegs bist, achte bitte unbedingt auf feindselige Angreifer die nicht zögern Dich ohne Warnung zu zerstören. Benutze private Spielgruppen oder den SOLO Modus wenn Du mit Fracht unterwegs bist, deren Verlust Dich im Verlauf weit zurück katapultieren würde.

Merke:

Gehe IMMER auf Nummer sicher!

2.9.   Teuer ist nicht gleich gut

Schiffe und deren Ausstattung ist ein großer und sehr komplexer Teil von Elite Dangerous.

Zu viele Neulinge erliegen dabei dem Irrglauben, größere Schiffe als besser und teure Module als leistungsfähiger zu betrachten. In der Folge sieht man dann unerfahrene »Kommandanten« in Schiffen für 300 Millionen, 600 Millionen oder mehr als einer Milliarde (!) Credits, die in ihrer Frustration, gerade gegen einen Spieler mit einem gerade mal 10 Millionen Credits teuren Schiff verloren zu haben, wahre Schimpfkanonaden auf Elite Dangerous von sich geben.

Das sieht man in allen Schiffsklassen und auch auf Modulebene. Fragen wie **»Warum verliere ich gegen eine schlecht ausgestattete Cobra Mk3 wo mein Schiff doch nur die teuersten Waffen und Module hat?«** sind keine Seltenheit.

Der Grund hierfür findet sich in einer Besonderheit von Elite Dangerous:

Schiffe und Module haben Eigenschaften, keine pure Leistungsfähigkeit die mit Geld erkauft wird.

In anderen Worten:
Ein gut gebautes Schiff mit einem erfahrenen »Kommandanten« kann ein durchschnittlich oder schlecht gebautes – **viel größeres** - Schiff mit einem durchschnittlichen »Kommandanten« in arge Bedrängnis bringen oder sogar zerstören.
Behält man beim Schiffsbau **einige wenige Grundregeln** im Hinterkopf und sorgt so für ein leichtes aber ausgewogenes Setup, kann man dieser Gefahr leicht entrinnen.

Diese Grundregeln und das grundlegende Verständnis für das Konfigurieren von guten, dem Einsatzzweck genügenden, Schiffen kann nicht in dieser Kurzübersicht behandelt werden. **Lies dazu bitte das Kapitel über das Ausstatten von Schiffen (Kapitel 6). Es lohnt sich.**

2.10.   Viel größer als man denkt

Elite ist alt. Uralt, wenn man Maßstäbe der Spieleentwicklung verwendet; die erste Version von Elite erschien 1984.

Elite ist aber vor allem riesig und völlig unüberschaubar. Zumindest am Anfang.

Nach einiger Zeit setzt bei den meisten »Kommandanten« ein »Kenn ich schon« Effekt ein, der in eine Art überhebliches Gelangweilt-sein mündet.

Diesem Effekt kann schnell abgeholfen werden, wenn jemand mit mehr Erfahrung die Frage stellt: »Schon mal XYZ gemacht/gesehen/gefunden?«.

In anderen Worten: Elite ist das, was der geneigte Leser daraus macht – mit einer Unzahl an Optionen was mögliche Aktivitäten, Rollen und Ziele angeht.

Ob Du durchs Weltall schipperst, auf der Suche nach fremden Welten oder Aliens bekämpfst, ob Du Edelmetalle abbaust und Piraten abwehrst oder mit einer modernen Form des Benzinkanisters gestrandeten Kollegen hilfst, epische Schlachten in hochmodifizierten Schiffen schlägst oder einfach mit einer Cobra Mk 3 ab und an eine Mission für Deine politische Lieblingsfraktion fliegst…

2.11. Was ich heute nicht mehr machen würde – Don'ts

Fragt man erfahrene »Kommandanten«, was sie ihrem jüngeren Ich an Anweisungen erteilen würden, um Ihnen insgesamt eine bessere Zeit im Elite Universum zu erzeugen, kommt man immer wieder zu den gleichen Antworten:

Don't 1.) Den »Run« auf die großen Schiffe starten

Auf gar keinen Fall Schiffe überspringen. Die großen Schiffe können bestimmte Sachen, die die kleineren nicht können, sie sind aber nicht in jedem Fall die bessere Wahl oder bedeuten gar generell »mehr Spaß«. Teilweise ist sogar das Gegenteil der Fall. Lieber alle Schiffstypen einmal kaufen, einmal oder sogar mehrfach nach persönlichen Vorlieben ausstatten und einfach mal Spaß an der Vielfalt und »am Weg nach oben« haben. **Vor allem auch, weil Elite eben kein »Endspiel« besitzt. Elite kann man nicht »durchspielen«, es ist eher** eine Art »second life im Weltall«.

Don't 2.) Sich plagen

Keinen »grind« erlauben. Viele »Kommandanten« sind der Meinung, Elite sei ein »grind« Spiel, also eines, in dem man endlos lange sich wiederholende (und sterbenslangweilige) Dinge machen muss, um voran zu kommen. Zugegebenermaßen kommt man so sicher schneller zu bestimmten Schiffen, Rängen oder anderen finanziellen Zielen, der Spaß darf dabei aber auch nicht auf der Strecke bleiben. **Zu groß die Gefahr, vor Erschöpfung auszubrennen oder schlicht vor Langeweile vor dem Computer zu sterben.**

Don't 3.) Schiff »x« oder »y« als schlecht betrachten

Es gibt bei Elite eine ganze Reihe von Schiffen, die von einer großen Anzahl an Spielern abgelehnt werden. Entweder, weil sie wenig oder gar keinen Spaß machen oder weil derjenige das Schiff einfach nicht leiden kann. Beispiele für solche Schiffe sind Cobra Mk4, Cutter, Type 7, Type 9 oder das »Föderale Abwurfschiff« (federal dropship).

Verständlich, weil sie alle in gewisser Weise die »Gallert« Version anderer Schiffe sind, also im Handling einfach keinen Spaß machen oder wie der Type 7, der das mit Sicherheit wehrloseste Schiff im Spiel ist, einfach zu schnell »sterben«. (Ja, ich weiß, es gibt auch noch den Hauler, aber der zählt nicht. Der stirbt zwar noch schneller, kostet dafür aber auch nur ein Taschengeld.)

Nur manchmal oder besser gesagt für manchen Zweck führt an diesen Schiffen kein Weg vorbei. Der Cutter beispielsweise ist einfach _der_ Frachter schlechthin und macht so nebenbei noch Millionen in Kopfgeldern, weil er eben nicht nur abhauen, sondern sich auch wirklich verteidigen kann.

Das gleiche gilt für alle anderen dieser Schiffstypen. **Es kommt halt darauf an, was man macht.**

Don't 4.) Bestimmte »Profi« Waffen verwenden

Damit sind vor allem Strahlenlaser und Kanonen gemeint. Diese Aussage unterstütze ich voll und ganz, denn beide sind ohne das nur im Horizons Paket erhältliche Engineering im besten Fall suboptimale Waffen.

Die Strahlenlaser erzeugen in der Standardversion nicht nur **enorm viel Hitze**, sondern saugen auch derart viel Energie aus dem Energieverteiler, dass das »WAF« Reservoir **immer dann leer ist, wenn man den Laser am dringendsten benötigt.**

Kanonen sind weder heiß noch energiehungrig, neigen aber dazu, so ziemlich **alles zu verfehlen was mehr als 500 Meter weit weg ist.**

Also: Beide meiden, es sei denn man kann die Engineers bemühen.

Bedingt gilt das übrigens auch für **Schienenkanonen,** die recht schwer zu handhaben sind wenn man nicht schon etwas Erfahrung mit dem Rest der Fliegerei in Elite hat.

Die **Plasma Beschleuniger** sind zwar einfacher zu handhaben, haben aber auf größere Entfernungen noch mehr Fehlschüsse als die Kanonen. Beide sind nur starr erhältlich und überfordern Anfänger gnadenlos. Das gibt nur Frust, also erst mal Finger weg. .

2.12. Was ich einem »Newbie« raten würde - Dos

Genauso wie die oben angeführten »Bloß nicht« Punkte, die »Don'ts« gibt es auch eine Reihe von »sollte man wissen« Dinge, die »Dos«.

Do 1.) Auf die »Schleichfahrt« achten

Wenn auf einmal die blauen Schildringe am linken Schiffshologramm fehlen und irgendwo »Schleichfahrt« erscheint, dann hast Du versehentlich mit einem Tastendruck Dein Ende eingeleitet.

Schockiert? Zu Recht. **»Schleichfahrt« deaktiviert die Schilde** und ist dazu gedacht, das Schiff für Radarschirme unsichtbarer (nicht: völlig unsichtbar) zu machen.

Das Problem: **Entstehende Hitze wird nicht mehr abgeführt** und das Schiff wird immer wärmer – bis zum Modulversagen oder zur **völligen Zerstörung.**

Hat man **Kühlkörper** an Bord, kann man diese benutzen um das Schiff in einen normalen Temperaturbereich unter 100% – oder den für die Schleichfahrt notwendigen Bereich von weniger als 40% - zu bringen.

Ohne Kühlkörper sollte man die **Schleichfahrt** sofort wieder **beenden** (Standard: Taste »Entf« über den Pfeiltasten oder den Menüpunkt im rechten Schiffsmenü: Funktionen – Schleichfahrt). **Sonst endet diese Episode schnell tragisch.**

Do 2.) An die Versicherungssache denken

Der größte Frust bei Newbies und auch erfahreneren »Kommandanten« erzeugt der **Verlust des eigenen Schiffes.** Nicht das zerstört werden und wieder neu erscheinen, sondern der vollständige Verlust – also der Rückschritt vom 500 Millionen Schiff in die Nussschale für Anfänger. **Und das geht schnell.**
Wird das Schiff zerstört – durch einen Unfall oder einen Angriff – erhält man von der Versicherung ein identisches Exemplar, wenn, ja wenn man **5% der Kaufsumme** für Schiff inklusive Module zur Hand hat.

> **Merke:**
>
> IMMER vor dem Abflug kontrollieren: Rechtes
> Schiffsfenster (Standard-Taste »4«) > Status, Unten
> Links: Mehr freies Geld als für die
> Versicherungssumme notwendig ist!

In begrenztem Maße kann das fehlende Geld ersetzt (geliehen) werden, das funktioniert aber nur bis zu relativ kleinen Summen. Ich kann aus Erfahrung mit Dutzenden »Kommandanten« sagen: **Der Verlust einer – z.B. 500 Millionen teuren Anaconda und der Rückschritt in ein kleines Schiff ist eine fürchterliche Erfahrung.**

Wie die Rolling Stones schon so schön sangen »You make a grown man cry«. Damals war zwar nicht der Verlust eines Schiffs in Elite gemeint, die Folgen sind aber ähnlich.

Do 3.) Ein Fuel Scoop mitnehmen

Auch Raumschiffe brauchen Treibstoff, zumindest die in Elite Dangerous.

Auch die Schiffe mit größerer Reichweite wie die Cobra Mk3 haben nur eine begrenzte Treibstoffmenge an Bord. **Ist diese aufgebraucht,** kann man zuerst nicht weiter springen, dann fallen die Systeme aus und dann... wir wollen mal nicht schwarz malen.

Immer wenn Du mehr als einen Sprung in ein Nachbarsystem planst, solltest Du auf jeden fall ein Fuel Scoop mitnehmen. Selbst das kleinste und billigste Fuel Scoop in Größe 1E kann Dir den Treibstofftank nach einiger Zeit wieder auffüllen, so dass Du nicht strandest oder gar Dein Schiff zerstört wird.

Die Verwendung ist ganz einfach: Nach dem Sprung in ein System der Klassen KGBFOA oder M (Hauptsequenzsterne), fliegst Du einfach etwas näher – nicht zu nahe – an den Hauptstern. Das Fuel Scoop klappt aus und füllt Deinen Tank. Je näher Du fliegst desto schneller wird getankt, aber desto mehr Hitze entsteht auch. **Faustregel: 80%.** Wenn's mehr wird, ein bisschen mehr auf Abstand gehen.

Die Sequenzsterne sind übrigens recht einfach zu merken: **Vladimir Putin im Schaumbad.**
Verrückt? Ja sicher. Aber als ehemaliger KGB Offizier im Schaumbad (FOAM) doch ein Bild, das man sich merken kann... (und ja, ich weiß, das steht schon oben bei »Modulen« - ist aber auch so mega-super-über-wichtig, dass man es sicherheitshalber zwei mal betonen sollte, was ich hiermit gemacht habe.)

Merke:

Fuel Scoop / Treibstoffsammler mit nehmen!

2.13. Eine kurze Einführung in Missionen

Das Wichtigste bei Missionen ist: Effizienz.

Ganz egal, ob man gerade dabei ist, seine Reputation mit einer kleinen Fraktion zu verbessern (REP+), einer kleinen Fraktion politisch zu helfen (INF+), oder ob man Geld verdienen will, **je mehr »Plus« pro eingesetzter Zeit, desto besser.**

Mit niedrigen Rängen und niedrigem Ansehen bei einer Fraktion **sind einfachenoder eilige Liefermissionen von Daten oder geringen Frachtmengen** oft die effektivste Art sein Ziel zu erreichen. Mehr dazu im Missionsbereich dieses kleinen Handbuchs, Kapitel 5.2.

2.13.1. Die Sache mit dem Andock Computer

Andock Computer sind zweischneidige Schwerter.

So gemütlich und komfortabel der Einsatz dieses kleinen optionalen Moduls ist, **so negativ sind die möglichen Nebenwirkungen.**

Zum Einen neigen Andock Computer dazu, einen im ungünstigsten Moment in völlig haarsträubende Situationen zu bringen: Ausfall wegen eines laufenden Angriffs, ungewollte Scans, Kollisionen, die Strafen nach sich ziehen oder, im schlimmsten Fall, ein völlig in eine Stationsstruktur verkeiltes Schiff, das sich nur noch mit Mühe oder gar nicht mehr retten lässt.

Zum Anderen wird man bequem. So bequem, dass man mit der Zeit nicht mehr ordentlich von Hand andocken kann. Spätestens beim stolzen »Schaulaufen« vor Publikum mit seinem neuesten Schiff gibt das dann extrem peinliche Videos. Oder gar ein zerstörtes Schiff.

Also: Andock Computer wirklich nur verwenden, wenn die nicht mit Docken verwendete Zeit sinnvoller genutzt werden kann, oder der Langweiligkeitsfaktor nicht mehr zu übertreffen ist, zum Beispiel bei langwierigen Frachtmissionen.

2.13.2. Fracht aufsammeln, aber richtig

Ein nicht allzu kleiner Teil des Lebens im weiten All besteht aus dem **Aufsammeln von Treibgut.**

Beim **manuellen Aufsammeln von Treibgut** ignoriert man am besten alles, was man so »draußen« zu sehen bekommt, und konzentriert sich einfach darauf, das zu sammelnde Objekt im kleinen **Zusatzbildschirm** zu zentrieren, der beim **Ausfahren des Frachtsammlers** erschienen ist.

Wenn man dann noch die Geschwindigkeit unter 30 m/s hält und im Falle eines Verfehlens **nicht** hinter dem Objekt herjagt, sondern einfach kurz im Rückwärtsgang wieder eine ruhige Ausgangsposition einnimmt, um es dann erneut zu versuchen, ist schon viel gewonnen.

Viel hilfreicher ist aber die Information, dass es eine komfortablere Möglichkeit gibt, Treibgut einzusammeln, nämlich die Sammeldrohnensteuerung. Dieses optionale Modul gibt es in verschiedenen Größen (Anzahl der Drohnen) und Ausführungen (Reichweite, Lebensdauer der Drohnen).

Einer Feuertaste zugewiesen (Standard-Taste: »4« Feuergruppen) kann man diese Drohnen entweder zum **Éinsammeln eines einzelnen Stücks** Treibgut verwenden, indem man das Treibgut, das gesammelt werden soll als Zielaufschaltet (Standard-Taste: »T«). Dann verschwindet die Drohne nach dem Einsammeln dieses einen Objekts.

Alternativ gibt man kein Ziel vor, wenn man die Drohne startet. **Dann sammelt diese bis entweder alle Objekte eingesammelt sind,** oder bis die Lebensdauer der Drohne zu Ende ist. **Dieser »allgmeine« Sammelmodus ist in der Regel zu bevorzugen.**

2.13.3. Horizons: Thema Sprungreichweite

Viele der angebotenen Schiffe sind nicht gerade als Langstreckenschiffe bekannt.

Sucht man nun nach einer Möglichkeit, die Reichweite der Schiffe zu erhöhen, bieten die Engineers des Horizons Pakets eine Möglichkeit, **die FSA (Frame Shift Antrieb) Reichweite deutlich zu erhöhen.**

Wer noch keinen Engineer Zugriff hat, oder die benötigten Materialien schwer findet, der kann sich einen **Guardian Reichweitenerhöher** einbauen. In Größe 5 bietet dieser über 10 ly mehr Sprungreichweite, egal wie hoch die Ursprungsreichweite bereits ist.

2.13.4. Horizons: Die Sache mit den Materialien

Wer die in Horizons angebotenen Engineers verwendet, kommt früher oder später an den Punkt an dem er feststellt: Ich habe Unmengen von Material A, brauche aber Material B.

Dazu verwendet man sogenannte **Material Händler,** die leider nicht an jeder Station verfügbar sind. Generell sind an Raffinerien/Extraktions-Standorten am ehesten **Händler für Element-Materialien** zu finden, an Hightech Standorten findet man am ehesten **Datenhändler** und an Industriestandorten sind am ehesten Händler für **vorgefertigte Güter** zu finden.

Für eine Aussage zum am nächsten gelegenen Händler für den aktuellen Standort bemüht man am besten die sehr komfortable Seite inara.cz – mehr dazu im entsprechenden Kapitel 7.3.

Übrigens: Es gibt Plätze mit reichlich Materialien. Diese werden im Ingenieur Teil der Buchreihe ausgiebig behandelt!

2.13.5. Die Sache mit den »Instanzen«

Elite Dangerous besitzt eine für ein MMO in der heutigen Zeit seltene Architektur: Anstatt einzelne »Gameserver« oder »Knoten« zu verwenden existiert kein zentraler Server, der als Knoten zwischen den einzelnen »Kommandanten« fungiert.

Stattdessen verwendet Elite einige wenige Server, die zum einen die erzielten Leistungen (Einkommen, Schiffe, Abschüsse, Bewegungen) verzeichnen, und zum anderen ein »matchmaking« erzeugen:

So werden verschiedene »Kommandanten« nach Faktoren wie »Freundesliste«, »ähnliches Verhalten« und »ähnliche Stärke« gepaart. Von besonderer Bedeutung ist hierbei der geografische Standord der Spieler.

Es ist also eher selten, »Kommandanten« aus anderen geographischen Regionen in der eigenen »Instanz« (=der eigenen kleinen Welt) vorzufinden.

Erst wenn man zu Zeiten aktiv ist, die für die eigene Region untypisch sind, kann es sein dass, man der jeweiligen anderen geographischen Region zugeordnet wird. Warum? Ganz einfach, weil in der eigenen Region morgens um fünf nicht genug andere »Kommandanten« der gleichen Ausrichtung zur Verfügung stehen, um eine Instanz zu erzeugen.

Wer in den Startersystemen trotz der ersten Erfolge in Sachen Geld verdienen und (Kampf-)Rang keine anderen Schiffe (nicht ausgefüllte Radarsymbole) sieht, der sollte sich anhand der in den FAQ angegebenen Vorschläge zum Thema IPv6, UpnP und Port Forwarding mit der Fähigkeit seines Netzwerkteils beschäftigen, mit Elite ordentlich zu kommunizieren.

Zumindest zu normalen Uhrzeiten sollten nach den ersten paar Spielstunden rund um LHS 3447/Eravate nämlich immer ein paar andere Schiffe zu sehen sein, spätestens wenn man an eine der größeren Stationen wie Russell Ring andockt.

Die »Instanzen« lassen sich übrigens auch beEinflussen:

Man kann beispielsweise durch kleinere Verbrechen den eigenen Status auf »gesucht« stellen, um andere »Kommandanten« in der eigenen Instanz zu sehen. Ebenso kann man durch Schiffs- und Waffenwahl eine ganz andere Welt vorfinden.

Wo eben im nicht gesuchten Frachter noch lauter nette Leute um einen herum waren, ist in der gesuchten Vulture auf einmal alles voller Kopfgeldjäger und anderer Gesuchter...

3. Der erste Flug als Beispiel

Dieses Kapitel ist der eigentliche Einstieg in Elite Dangerous. Es ist sehr hilfreich, wenn Du die vom Spiel angebotenen Tutorials schon alle probiert hast. Das vorherige Durchspielen der Tutorials ist nicht unbedingt notwendig aber sehr hilfreich, denn dieses Kapitel beschreibt vor allem Verbesserungen zu den Tutorials, Tipps und Tricks und kleine Kniffe, die auf den ersten Blick nicht sofort ersichtlich sind.

3.1. In der Station

Gestartet wird zumeist im System »LHS 3447«
LHS 3447 ist ein sehr großes System mit zahlreichen Stationen, die allerdings alle recht weit voneinander entfernt sind. LHS 3447 ist daher nicht unbedingt ein Beispiel für besondere Übersichtlicheit. Um zu verstehen, was ich meine schau Dir nach dem Abflug von der Station aber vor dem Sprung in ein anderes System, kurz die Systemkarte an! (Standard-Taste »1«)

»Kommandanten« mit Horizons oder anderen Paketen starten gelegentlich im System **»Asellus Primus«. D**ieses ist in der Regel etwas ruhiger, vor allem aber auch viel überschaubarer als LHS 3447. Asellus startet in der Regel auf einer Planetenoberfläche.

Der Ablauf in der Station ist an allen Startpunkten der Gleiche: Nach dem Anwählen des Abflugs im Menüpunkt der Station nickt man ab, dass man die Standardbelegung der Tasten verstanden hat und wird von der Landefläche gelöst.

Zu diesem Zeitpunkt gibt es nicht viel zu erklären, die Menüpunkte sind weitestgehend selbsterklärend und es gibt nicht viel zu tun.

Wer es gut meint, kann sich am Missionsbrett an einer eventuell vorhandenen Mission zur Datenlieferung oder zur Frachtlieferung (bitte beachten: Deine Sidewinder hat zum Start nur vier Tonnen Frachtkapazität) ins Nachbarsystem **»Eravate« (v**on LHS 3447 ausgehend) bedienen.

Geld ist Geld.

3.2. Abflug

Von der Orbitalstation (LHS 3447) aus zu starten ist einfach.
Man benutzt zuerst die vertikalen Schubdüsen nach oben
(Standard: Taste »R«), um sich von den umliegenden
Strukturen zu »befreien«, danach Schub nach vorne
(Standard: Taste »W«), um von der Station weg zu fliegen.

Wichtig hierbei: Der **Schubhebel** rechts im zentralen
Radardisplay. **Er besitzt einen blauen Bereich,** der ungefähr
den Bereich der **höchsten Agilität** des Schiffes beschreibt.

Im direkten Umfeld einer Station kann man nicht den für
schnelleres Reisen bestimmten Sprungantrieb starten (weder,
um im lokalen System zwischen den Systemen zu fliegen (der
sogenannte »Supercruise«), noch um zu anderen Systemen zu
springen (der sogenannte »Hypersprung«).

Deshalb muss man zuerst eine gewisse Entfernung von der
Station erreichen. Die Anzeige für die Massensperre ist rechts
unter der Treibstoffanzeige. Sobald die blaue Markierung
verschwindet kann's los gehen mit dem Rasen.

Beim Starten von Orbitalstationen kann man einfach in den
Supercruise des jeweiligen Systems springen, indem man
den Sprungantrieb aktiviert, ohne vorher ein anderes System
als Ziel anzugeben. Dabei ist es irrelevant, wie das Schiff
ausgerichtet ist, nach Erreichen der vollen Ladung nach
Aktivierung des Supercruise (Standard Taste: »J«) wechselt
das Schiff nach einem kurzen Countdown direkt in den
Supercruise.

Zum Springen in ein anderes System wählt man entweder
eine Route in der galaktischen Karte, oder, schneller und
einfacher, ein nahegelegenes System aus dem Kurzmenü im
linken Schiffsbereich (Standard Taste: »1«).

Alle Ziele mit »lj« hinter dem Namen sind andere Systeme (bis auf einige sehr wenige Ausnahmen in sehr großen Systemen). Nach dem Laden des Sprungantriebs (Standard: Taste »J«) (ja, die Gleiche!) muss man noch auf das Zielsystem ausrichten. Dazu bitte einfach die **gefüllte (!) Kugel im kleinen Kompass** links vom großen Radarschirm **zentrieren**.

Von einer Bodenstation zu starten ist nicht schwerer, aber etwas anders: es ist schließlich ein großer Planet im Weg. Man löst sich auch hier mit den vertikalen Schubdüsen von der Landefläche, bis man weit genug von den Gebäuden der Bodenstation entfernt ist.

Dann fliegt man aber nicht »irgendwohin«, sondern in einem Winkel von mehr als 60 Grad nach oben.

»Mehr als 60 Grad«, da bei Erreichen der oberen Grade die Temperaturabführung heißerer Schiffe nicht mehr ideal ist. Das ist bei der Sidewinder kein Problem, kann aber später zum Problem werden, deshalb sollte man sich das gleich angewöhnen. Der Unterschied an zurück gelegter Strecke von der Oberfläche ist in den letzten 30 Grad (60-90 Grad) nicht mehr so ausschlaggebend, deshalb kann man »faul« sein.

Ist man aus der Massensperre des Planeten geflogen, kann man ohne Probleme in den **Supercruise im gleichen System wechseln:**

Standard-Taste: »J« drücken, um den Sprungantrieb ohne gesetztes Ziel zu aktivieren, dann das Schiff (falls man noch nahe am Planeten ist) mithilfe des Kompass' auf den »Fluchtvektor« aus der Planetenanziehung ausrichten.

Zumeist kann man **in der direkten Nähe des Planeten nicht direkt zum gewünschten System** springen. Der Bereich, der vom Planeten abgeschattet wird, ist zu groß. In diesem Fall bitte einfach mithilfe des Supercruise (kein System wählen, Sprungantrieb aktivieren, eine Minute vom Planeten weg fliegen) ein wenig Abstand gewinnen.

Hilfreich ist hierbei, nach Erreichen des Supercruise wieder etwa 30 Grad in eine beliebige Richtung zu zeigen, damit der Planet nicht dauerhaft hinter einem ist – das würde den Vektor in ein anderes System weiterhin »verborgen« halten, was wir ja verhindern wollen.

Mit etwas Abstand dann einfach das System (erneut) anwählen und springen.

WICHTIG:

Wenn's im normalen Geschwindigkeitsbereich mal langsamer als sonst voran geht, dann liegt das oft an »wenig PIPs in ANT« - d.h. man hat im Energieverteiler dem Antrieb nur wenig Leistung zugeordnet.

Wir erinnern uns: Pips = gefüllte Kreise, Energieverteiler = Rechts vom Radar: SYS, ANT, WAF, RST – Verstellbar mit den Pfeiltasten.

Wenn's dann immer noch nicht schneller voran geht oder das Springen in ein anderes System nicht funktioniert (siehe nächstes Kapitel), dann ist mit großer Wahrscheinlichkeit

- das Fahrwerk noch ausgefahren (Standard-Taste: L)
- die Waffen noch ausgefahren (Standard-Taste: U)
- der Frachtgreifer noch aktiviert (Standard-Taste: Pos1 über den Pfeiltasten)

oder sogar eine Kombination aus mehreren dieser Ursachen.

3.3. Navigation und Sprung ins Nachbarsystem

Um in Elite Dangerous in ein Nachbarsystem zu springen, ist das Öffnen der galaktischen Karte eigentlich »too much«.

Einfacher ist das **Öffnen des Kurzmenüs zur Navigation:**

- Standard-Taste: »1«
- Reiter: »Navigation«
- alle aufgelisteten Ziele, die mit »Mm« für Millionen-Meter oder »ls« für Lichtsekunden gekennzeichnet sind, befinden sich im gleichen System
- alle aufgelisteten Ziele, die mit »lj« für Lichtjahre gekennzeichneten Ziele sind in anderen Systemen.

Nach dem Markieren des Zielsystems kehrt man einfach in die Frontansicht im Schiff zurück und **lädt den Sprungantrieb wie im letzten Unterkapitel beschrieben.** Wenn der Sprungantrieb voll geladen ist, **dreht man zum Ziel.**

Kurz:

- Ziel aufschalten
- Sprungantrieb laden
- Ausrichten zum Ziel
- **auf volle Geschwindigkeit achten** (Grundbedingung für einen erfolgreich aktivierten Sprung)

Das Aufschalten eines Ziels in der galaktischen Karte ist ähnlich einfach, benötigt aber etwas mehr Zeit. Für ein Nachbarsystem im Bereich der Reichweite des Sprungantriebs (der anfänglich sehr dürftig mit Reichweite ausgestattet ist) zeigt man mit dem Mauszeiger auf das gewünschte System und wählt dann das Routensymbol (eine Reihe von »Kugeln« entlang einer Linie).

Dieses Routensymbol erstellt auch Routen zu weiter entfernten Zielen. Wichtig ist hierbei nicht nur, dass die Reichweite des Schiffes ohne Nachtanken oder die Benutzung eines Fuel Scoop eventuell nicht ausreicht **(Gestrichelte Linie = Kein Kraftstoff in diesem Bereich der Route),** sondern auch die Tatsache, dass beim anfänglich eingebauten Sprungantrieb der Sidewinder die Sprungreichweite oft nicht ausreicht, um einige Systeme zu erreichen.

Für komfortables Reisen benötigt man ein Schiff mit mindestens 15 Lichtjahren Einzelsprungreichweite und ein Fuel Scoop, das ausreichend groß dimensioniert ist. Je mehr Sprungreichweite, desto besser.

Wie im vorigen Kapitel beschrieben, geht unsere erste Reise aber nur ins Nachbarsystem. Im Fall von LHS 3447 als Startsystem springen wir nach Eravate, im Falle von Asellus Primus geht die Reise nach Eranin.

3.4. Navigation zur Station

Nach der Ankunft im Zielsystem befindet man sich in unmittelbarer Nähe des Hauptsterns (oder der Hauptsterne, falls es sich um mehrere handelt).

Es ist weise, sich als Verhaltensweise ein sofortiges Zurücknehmen des Schubs auf 0% anzugewöhnen (Standard-Taste: »X«).

Man erkauft sich damit ein wenig Zeit, sich zu orientieren, und verringert deutlich die Gefahr, zu nahe an den Hauptstern zu fliegen und als Folge dessen in seinen Anziehungsbereich zu »fallen«.

Nach dem Reduzieren der Leistung geht man, sofern man nicht mithilfe eines Treibstoffsammlers nachtanken will, sofort dazu über, vom Hauptstern weg zu fliegen.
Distanz zum Hauptstern kühlt nicht nur das Schiff wieder ab, es erlaubt einem auch zu beschleunigen. Vor allem bei zeitintensiven, sich wiederholenden Tätigkeiten eine wichtige Optimierung.

Sollte man einmal aus Unachtsamkeit, oder weil es sich nicht verhindern ließ (binäre oder tertiäre Systeme, ungünstige Positionierung nach der Ankunft) **in den Anziehungsbereich eines Hauptsterns stürzen ist es vor allem wichtig Ruhe zu bewahren.**

Während der kommenden 30-40 Sekunden des Abkühlvorgangs (kleiner blauer Kreis unterhalb der Treibstoffanzeige) sollte man versuchen **so wenig überflüssige Hitze zu erzeugen, wie möglich:** Schubeinstellung beibehalten, geradeaus fliegen, nicht boosten, keine Waffen einsetzen o.ä.

In der Zeit bis zum Ablauf des Abkühlvorgangs kann und soll man den Hauptstern anwählen:
Standard: Taste »1« → Tab: Navigation → Symbol: Stern

Wenn der Abkühlvorgang abgeschlossen ist, lädt man den Sprungantrieb (Standard: Taste »J«) und dreht vom Hauptstern weg (Kompass: Zentriert. Symbol: hohl) und evtl. zum erscheinenden Fluchtvektor hin (Blaues Fadenkreuz in der Windschutzscheibe).

»Eventuell zum Fluchtvektor« deshalb, weil dies abhängig von der Entfernung zum Hauptstern ist. Falls ein Fluchtvektor vorhanden ist, solltest Du diesem den Vorrang geben. Bei Nutzung des Fluchtvektors muss die Kompasskugel gefüllt und zentriert sein, da sie direkt auf den Fluchtvektor zeigt.

Egal ob »rein gestürzt« oder nicht, **Ziel des Fluges ist die Reise zu einer der Stationen.** Falls Du keine Mission angenommen hast, dann wähle im »Eravate« System einfach »Russell Ring« als Ziel aus.
Falls Du von Asellus Primus aus gestartet bist, wähle bitte »Azeban City« als erstes Ziel.

Im Supercruise innerhalb des Zielsystems und nach dem weg drehen vom Hauptstern beschleunigt man auf jeden Fall erst einmal mit Vollgas.

Das schützt zum Einen in begrenztem Maße gegen die Übergriffe von Piraten, ist aber vor allem sinnvoll, um Zeit zu sparen: Die Nähe zum Hauptstern bedingt eine niedrige Geschwindigkeit und ein niedriges Beschleunigungsvermögen.

Danach sollte das Ziel aufgeschaltet werden:

Standard-Taste: »1« → Tab: Navigation (alle Ziele mit »ls« als Entfernungseinheit sind im gleichen System) Unter den angezeigten »ls-Zielen« wähle bitte »Russell Ring« (in LHS 3447 gestartet) oder »Azeban City« (in Asellus Primus gestartet) als Ziel aus.

In den normalen Sichtbereich zurück gekehrt bitte den Kompass (links vom Radarschirm) benutzen: Eine gefüllte Kugel bedeutet »Ziel voraus« - eine leere Kugel »Ziel hinter dem Schiff«. Bitte einfach die gefüllte Kugel zentrieren.

Tipp:
Ausrichten, egal auf welches Ziel, ist für Anfänger oft am einfachsten, indem erst gerollt wird (rotieren um oder entgegen dem Uhrzeigersinn, Maus bzw. Stick / Controller rechts oder links) bis das Ziel oben oder unten im Kompass (oder bei Schiffen: Im Radarschirm) ist, dann einfach ziehen (falls oben) oder drücken (falls unten) bis zentriert.

Im Anflug im Supercruise zwischen den einzelnen Planeten (und anderen Objekten) ist es wichtig, sich von Masse jeder Art fernzuhalten, denn diese bremst und kostet damit Zeit.

Im Hologramm links des Radar Schirms sieht man bereits im Supercruise die Darstellung der Station, bei Orbitalstationen gibt es fünf Typen:

1.) Asteroidenbasen
Ein seltener Stationstyp, meist schlecht ausgestattet und etwas versteckt, in jedem Fall aber mit enormem Flair. Beim Anflug ist wichtig, dass nur ein Eingang vorhanden ist. Dieser ist aber auf dem linken Hologram klar ersichtlich.

2.) Außenposten

Diese sehen ein wenig aus wie eine Sammlung Schuhschachteln, die irgendwie miteinander verbunden sind. Besonderheiten der Außenposten sind schnell erklärt: Parkplatznot und mangelnde Sicherheit. **Parkplätze sind Mangelware,** weswegen man seine Erledigungen, falls man im »offenen« Modus spielt, schnell erledigen sollte. Es ist nicht an der Tagesordnung, aber auch nicht gerade selten, dass Dauerparker nach dem Abfliegen und damit dem Freigeben des Parkplatzes von anderen »Kommandanten« zerstört werden, und das nur aus Frust wegen der langen Wartezeit.

In Sachen Sicherheit sind kleine Außenposten natürlich viel schwächer als größere Stationen. Piraten und böswillige »Kommandanten«, die für einen Angriff oder massives Fehlverhalten von größeren Stationen schnell außer Gefecht gesetzt werden, haben bei Settlements keinerlei Problem einige Zeit zu überleben. Mit allen Konsequenzen für den Angegriffenen.

3.) Coriolis

Der Stationstyp der der geometrischen Figur eines **Dodekaeder** nachempfunden ist, einer Form mit 12 Flächen. Dieser Ur-Typ aus der Anfangsversion von Elite aus dem Jahr 1984 hat es in sich. Eigentlich entspricht er in all seinen Eigenschaften den anderen großen Stationstypen, hat aber zwei Besonderheiten: Der Eingang ist n**icht klar ersichtlich und er hat diverse   seine   Anbauten.**

Um den **Eingang** zu finden, fliegt man einfach näher als 7,5 km an die Station heran und beantragt eine **Landefreigabe** (Standard: Taste »1« → Kontakte → Station   auswählen   →   Landefreigabe).

Wurde dieser erteilt, wird auf dem Hologram links des Radar Schirms eine Reihe »Pfeile« auf der Station dargestellt, die zum wie bereits erwähnt einzigen Eingang   führen.   SEHR   hilfreich.

Aber Vorsicht: Coriolis Stationen können, speziell in Systemen mit Raffinerien oder Bergbau, **tödliche Anbauten**   haben.

Ausgehend vom Stationskörper befinden sich dann sehr   lange   Zentrifugal-Anbauten.   Deren Geschwindigkeit ist – zumindest am Ende des langen Hebelarms – beträchtlich, ihre Masse sehr groß. Keine gute Kombination um versehentlich mit diesen zu kollidieren…

4.) Megaschiff

Diese, wie der Name schon sagt sehr großen Schiffe, sind nicht sehr verbreitet. Wer in der Nähe von Eravate ein solches aus der Nähe besichtigen möchte, kann ersatzweise ein Gefängnisschiff betrachten, das »Mercy's Hammer« in »ALRAI SECTOR KH-V B2-7« (5.17 Lichtjahre entfernt).

Es soll »Kommandanten« geben, die für's schnellere hin reisen einfach auf einen Polizisten geschossen haben, geflüchtet sind und sich dann selbst in der nächsten Station gestellt haben. Empfehlenswert ist das nicht, aber jedem nach seinem Geschmack...

5.) Orbis und Ocellus Stationen

Beide in den verschiedensten Ausführungen zu finden, sehen ein wenig aus wie ein aufgespießtes, mehr oder weniger rundes Objekt. Dieses Objekt ist der Hangarbereich der Station und sollte angeflogen werden, der einzige Eingang befindet sich in Verlängerung der Längsachse. **Orbis und Ocellus sind die am einfachsten anzufliegenden Stationen.**

Alle goßen Stationen – Coriolis, Orbis und Ocellus – haben eine Gemeinsamkeit:

Der Haupteingang befindet sich, solange ein Planet umkreist wird (was meistens der Fall ist) immer **in Richtung Planet.**

In Richtung Planet bedeutet in diesem Fall nicht »exakt auf den Planeten zielend«, sondern »generell in Richtung Planet« mit einer Neigung von 30-60 Grad weg von diesem.

Die vor der Einführung der Richtungspfeile bei Coriolis Stationen gültige Grundregel **»In die Lücke zwischen Planeten und Station, dann in Richtung Station«** ist noch immer ein guter Anfang für einen sinnvollen Anflug, positioniert er einen doch nach dem Übergang in den normalen Geschwindigkeitsbereich in der Nähe des Haupteingangs.

3.5. Anflug und Landung

Ist man nach Annäherung im Supercruise erfolgreich in den normalen Geschwindigkeitsbereich gewechselt, befindet man sich in der Nähe der Station, aber nicht nahe genug für die Landungsfreigabe. Die Untergrenze dafür beträgt 7,5 km Abstand.

Zuerst fliegt man also in Richtung Station, um bei weniger als 7,5 km Abstand eine Landefreigabe einzuholen. Ist diese erteilt (man sieht die Zuweisung der Landefläche oberhalb des Radarschirms) sieht man bei Coriolis Stationen anhand der Pfeile auf dem Hologramm links, wo der Haupteingang liegt.

Bei Ocellus und Orbis fliegt man auf die äußere Fläche des »großen Knubbels« in Verlängerung der Hauptachse. Bei Asteroidenbasen in Richtung des (hoffentlich) angezeigten Eingangs und bei Außenposten einfach generell in Richtung Station.

Spätestens ab ca. 5km Entfernung sollte die Geschwindigkeit auf **100 m/s** oder weniger reduziert werden – zu groß ist die Gefahr versehentlich ein computergesteuertes Schiff zu rammen. Geschieht das, erhält man ein Bußgeld. Wird das andere Schiff dabei zerstört, beginnt die Station ohne Verzögerung auf einen zu schießen. Bei kleinen Schiffen reicht meist ein einziger Schuss zur Zerstörung.

An dieser Stelle sei erwähnt, dass Elite zwar eine der **angenehmsten, gebildetsten, höflichsten und altruistisch ausgerichtetsten** »Gemeinden« in der **Spiele/Simulationswelt** besitzt, aber wie im echten Leben gibt es auch im Elite Universum Menschen, deren Sinn und Zweck im Leben es ist, anderen **Schmerz und Qual** zuzufügen.

Eine der Methoden, dies zu bewirken ist, ein kleines und leicht zerstörbares Schiff möglichst unsichtbar und schnell zu machen und dann damit in der Nähe einer Station anfliegende große und teure Schiffe, die versehentlich über 100 m/s schnell fliegen, zu rammen. Zuerst wird das kleine Schiff durch den Rammstoß zerstört, daraufhin eröffnet die Station das Feuer auf das »böse große und viel zu schnelle Schiff« - und zerstört dieses auch. In der Bilanz hat die Kreatur, die Spaß daran findet anderen das Leben schwer zu machen einen Schaden von wenigen tausend Credits zu tragen. Der eigentlich unschuldige, aber zu schnell reisende - »Kommandant« des anderen Schiffes »darf« nicht nur den Wiederbeschaffungswert seines großen Schiffes tragen, sondern zudem auch noch die Fracht oder die verlorenen Kopfgelder oder die Missionsfracht – oft in Höhe von mehreren Millionen Credits.

> **Merke:**
>
> **In Stationsnähe 100m/s oder weniger. Ausnahmslos!**

Beim Einfliegen in die größeren Stationen ist zudem Vorsicht geboten: Ein zu schnelles zurücknehmen der Geschwindigkeit kann im »offenen« Spielmodus schnell zu »**Auffahrunfällen**« führen; mit entsprechend aufgeregten Auffahrenden.

Am Ende dieses Abschnitts seien noch zwei Besonderheiten erwähnt.

Zum Einen die Sache mit dem durch NPC belegten Landepad.

Dieser Fehler ist seit Jahren ein »running gag« in Elite, der zwar immer seltener vorkommt, aber offensichtlich Konzeptbedingt nicht ganz auszumerzen ist.

Es kann vorkommen, dass man nach Einflug in die Station im offenen Spielmodus ein Schiff – meist einen Beluga – auf dem zugewiesenen Landepad ausmacht. Bitte auf keinen Fall versuchen, neben oder auf diesem Schiff zu landen, sondern in Ruhe umdrehen, aus der Station heraus fliegen, in sicherer Entfernung die bestehende Landefreigabe abbrechen und erneut eine Freigabe anfordern. Sollte dieses Verfahren nicht nach dem 2ten oder 3ten Mal zum Erfolg führen, fliege bitte aus der Station und wechsle in den »solo« Spielmodus. Sobald Du im Solo-Modus gelandet bist kannst Du wieder in den Offen-Modus zurückkehren und normal weiter spielen.

Hintergrund ist, dass bei der Koordinierung der Spieler auf eine gemeinsame Instanz manchmal Fehler aufgrund verzögerter Datenübermittlung stattfinden. Das ist vor allem dann der Fall, wenn zu Stoßzeiten auf Paarungen zwischen Internetverbindungen zurück gegriffen werden muss, die suboptimal sind.

Zum Anderen ist da noch die Sache mit Schäden am eigenen Schif. sei es durch thermische Überhitzung oder durch einen Kampf.

Es kann passieren, dass im Standardmenü zum Anfragen der Landefreigabe die Station nicht erscheint. Das ist **kein Fehler** im Programm, sondern auf ein defektes Kommunikationspaket zurückzuführen:

Standard: Taste »4« → Module: Im dortigen Fenster ist das Modulpaket »Sensoren« mit ziemlicher Sicherheit bei 0% und damit komplett im Eimer.

Abhilfe schafft ein Reboot/Reparieren – aufzurufen im rechten Fenster (Standard: Taste »4« → Funktionen: Ganz unten.)

Bitte nicht erschrecken, während des Schiffsneustarts gibt's mal eine Nase Sauerstoff aus dem Helm des Raumanzugs, weil beim Neustart eben alle Systeme runter- und wieder hoch fahren, auch die Lebenserhaltung.

3.6. Am Ziel

Ist man das erste Mal an einer anderen Station angedockt, ist es hilfreich, sich etwas **im Menü der Station auszukennen.** Deshalb hier die wichtigsten Sachen zum Thema »In der Station«.

Vorab eine wichtige Sache: **Man muss nicht (!) in den »Hangar« wechseln,** um wesentliche Dinge zu erledigen. Auch hilft der Hangar nicht, die Parkplatznot an kleinen Stationen zu verbessern.

Die Funktion »Hangar« ist eigentlich nur Spielerei: Wählt man Schiffsausstattung, fährt das Schiff ohnehin automatisch »unter Deck«, zudem bietet der Hangar weder mehr Schutz noch mehr Funktionen.

Tipp:

Spar' Dir einfach die Mühe.

Der Haupt-Bildschirm der Station ist grob dreigeteilt.

LINKS findet man:

1. Warenmarkt
2. Missionsbrett
3. Passagierbereich
4. Kontakte
5. Kartographie
6. Mannschaft

1. Warenmarkt

Der Warenmarkt ist die Haupt-Anlaufstelle für Handelsreisende oder während Missionen, die das Importieren von Waren beinhalten. Neben den Preisen für Einkauf und Verkauf von Waren findet man vor allem die verfügbaren Mengen für den Einkauf oder die Menge, die die Station benötigt.

Hilfreich ist zu wissen, dass viele Stationen zwar keinen Bedarf anzeigen, unter Umständen aber trotzdem gelieferte Waren, teilweise zu hohen Preisen, annehmen. **Man kann sich also nicht auf »nicht interessiert« verlassen.**

Interessant ist im Warenbereich die Anzeige für den Gewinn einer Ware in Bezug auf Lieferung nach oder Lieferung aus einem bestimmten System.

2. Missionsbrett

Die Missionen werden von einzelnen »kleinen Fraktionen« vergeben, die vor Ort im System ansässig sind. **Die Verfügbarkeit der Missionen hängt von einer Vielzahl Faktoren ab,** für Dich als Anfänger vor allem vom Reichtum des Systems, Deinen Rängen und den Möglichkeiten Deines Schiffs.

Das System, in dem Du Missionen annimmst, sollte möglichst groß sein und viele Einwohner haben. Es ist darüber hinaus von Vorteil, wenn eine reichere Wirtschaftsform präsent ist. Letztendlich haben auch der Zustand des Systems und der seiner kleinen Fraktionen Einfluss auf die Art und die Anzahl der angebotenen Missionen und damit das mögliche Einkommen daraus.

Deine Ränge sind ein Faktor für lukrativere Missionen. Mit steigenden Rängen im Kampf (Anschlagsmissionen und Kampfmissionen) im Handel (Handelsmissionen) und in der Exploration (hier sind es vor allem die Passagiermissionen die profitieren) werden die angebotenen Missionen lukrativer, aber auch schwieriger.

Dein Schiff ist natürlich ein wichtiger Faktor: Große Schiffe können nicht auf kleinen Außenposten landen, Schiffe ohne Frachtraum sind selbstredend nicht für die Lieferung von Waren geeignet.

Anfängern sei hier übrigens dringlich zu einfachen Missionen geraten, beispielsweise zu Datenlieferungen oder Warenlieferungen in ein anderes System. Bitte immer alles ausführlich durchlesen und sich überlegen, ob sich der Zeitaufwand lohnt.

> **Tipp:**
> **Für Anfänger gibt es einen kleinen Bonus im Missionsbrett in Form einer 10.000 Credits Mission.**

3. Passagierbereich

Passagiermissionen gehören zu den lukrativsten Einnahmequellen. Wichtig ist, dass man sich die Beschreibungen gut durchliest und beispielsweise kriminelle Subjekte nur transportiert wenn man ein wenig Erfahrung im »Schmuggel« beim Anflug auf Stationen hat. Andernfalls wird aus einer lukrativen Mission schnell ein kostspieliger Alptraum.

Passagiere können hilfreich sein, um den **Handelsrang** (normale Passagiermissionen) oder auch den **Explorationsrang** (Tourismus Missionen) zu erhöhen während man gleichzeitig **reichlich Geld verdient.** Wer das »Horizons« Paket sein Eigen nennt wird übrigens schnell feststellen, dass die Passagiermissionen mit Planetenoberflächen als Ziel besonders lukrativ sind.

4. Kontakte

Der Bereich »Kontakte« ist unterteilt in bis zu fünf Bereiche.

a) **Der Autoritäte Bereich** begrüßt einen nach Auswahl der Kontakte. Hier finden sich neben Strafen, z.B. für das Streifen anderer Schiffe beim Anflug, auch Kopfgelder, die bezahlt werden können (Schlimmer, schlimmer, schlimmer Kommandant!), oder eben auch zivile Kopfgelder die man in sich auszahlen lassen kann.

b) **Der Militärische Bereich** ist zur Auszahlung von Söldner Lohn der aus militärischen Konfliktbereichen stammt.

c) **Der Macht Bereich** ist für sie Auszahlung von Belohnungen der »großen Fraktionen« im sogenannten Powerplay.

d) **Der Suchen & Retten Bereich** wird dazu genutzt, aufgesammelte Rettungskapseln und Wrackteile zu veräußern. Dieses »Schrottsammeln« oder »Scavenging« kann recht lukrativ und interessant sein.

e) **Der Schwarzmarkt:** Stationen, deren politische Lage es erlaubt, besitzen überdies einen **Schwarzmarkt** der in diesem Bereich zu erreichen ist. Dort kann man Güter, die beim Aufsammeln als »illegal« markiert waren, oder Güter die im entsprechenden System nicht erlaubt sind, verkaufen. Die Schwarzmarktpreise sind außerordentlich von der Nachfrage im System abhängig. Ein stabiles und reiches System im Bürgerkrieg zahlt beispielsweise Höchstpreise für Kriegswaffen u.ä. - ein Föderationssystem das billige Arbeitskräfte benötigt kann u.U. sehr interessiert an der Anlieferung von Sklaven sein...

5. Kartographie

Der Kartographiebereich ist der Ort an dem man vor allem seine gesammelten Erkundungsdaten verkauft.

Das Anfängerschiff »Sidewinder« ist übrigens ein Schiff mit vielen für Anfänger völlig ungeahnten Fähigkeiten und beileibe kein »Billigschiff«. **Leider neigen Anfänger dazu, ihrer** Sidewinder mit Verachtung zu begegnen, unfähig, ihren wahren Wert zu erkennen und den Fehler bei sich zu suchen. **Schade, denn diese kleinen, wendigen Schiffe haben viel mehr drauf als es zuerst scheint. Beispielsweise besitzt jede Sidewinder bereits in der Grundausstattung einen Aufklärungs-Scanner der kleinsten Ausführung.**

Dieser Scanner liefert sehr begrenzte Daten über besuchte Systeme. Mit der Zeit entsteht aber eine recht beachtliche Sammlung, die man dann in diesem Kartographiebereich verkaufen kann. Immer vorausgesetzt, das Schiff wird nicht zerstört, denn dann sind die Daten natürlich mit weg.

Verkaufte Kartographiedaten erhöhen den Explorations Rang und sind selbst mit dem kleinsten Scanner eine nette zusätzliche Einkommensquelle.

6. Mannschaft

Im Mannschaftsbereich verwaltet man die angeheuerten Mannschaftsmitglieder und setzt diese ein. Dies ist Bestandteil des Horizons Pakets und wird ausführlich im entsprechenden Buch besprochen.

IN DER MITTE FINDET MAN:

GALNET

Galnet ist das völlig unabhängige, völlig unbeEinflusste und äußerst ehrliche… lassen wir das.

Galnet ist eine wilde Sammlung mehr oder weniger interessanter Neuigkeiten in der Elite Welt. Von der PR-tauglichen Selbstbeweihräucherung von Spielergruppen über globale Neuigkeiten oder dem neuesten Tratsch zum Thema Thargoiden – hier werden Sie fündig.

Uninteressant? Von wegen! Vor allem die hier zu findenden Statistiken sind teilweise bares Geld wert.

RECHTS FINDET MAN:

1. Holo Me [HORIZONS]
2. Lackierung
3. Sprit / Reparatur / Restock
4. Entfernte Werkstatt [HORIZONS]
5. Zubehör
6. Werft
7. Wartung

1. Holo Me [HORIZONS]

Ein ausführliches Menü, um die **Erscheinung des »Kommandanten«** zu verändern.

Es ist erstaunlich wie viele weibliche Avatare im Voice Chat eine recht maskuline Stimme besitzen...

2. Lackierung

Die Außenlackierung des momentan verwendeten Schiffs mit allem erhältlichen Zubehör. Hier gilt meist: Weniger ist mehr, manche Spielerschiffe haben nur noch entfernte Ähnlichkeit mit einem Raumschiff. Erlaubt ist, was gefällt. Ob das dann sinnvoll oder gar praktisch ist steht auf einem anderen Blatt.

3. Sprit / Reparatur / Restock

Ein ganz wesentlicher Menüpunkt. Tu Dir selbst den Gefallen und mache Dir zur Gewohnheit, direkt nach jeder Landung zuerst hier vorbei zu schauen und danach am besten gleich im Wartungsbereich.

4. Entfernte Werkstatt [HORIZONS]

Wer freigeschaltete Engineers fürs Schiffstuning hat, kann hier »per Fernbedienung« verbesserte Module in Auftrag geben, nachdem er bei dem jeweiligen Engineer war und seiner »Lieblingsverbesserung« ein Lesezeichen verpasst hat.

5. Zubehör

Hier findest Du alle möglichen Module für Dein jeweiliges Schiff. Module sind in **Größen gekennzeichnet (Zahlen von 0 bis 8) und in Qualitäten (A bis E)**

Das Ausstatten von Schiffen ist weit komplexer als es hier in Kürze behandelt werden könnte. **Schau bitte ins entsprechende Kapitel des jeweiligen Moduls (Kapitel Module 6.2. und Unterpunkte), bevor Du den Zubehörbereich benutzt.**

Wichtig: Nicht jede Station besitzt ein volles Sortiment aller denkbarer Module. Je reicher und größer das System in dem Du bist und je größer die Technik-Orientierung, desto eher die Wahrscheinlichkeit, dass auch größere und teurere Module vorrätig sind.

6. Werft

Wie beim Zubehör gilt: Schiffe sind nicht überall erhältlich. Sidewinder oder andere kleine Schiffe erhältst Du bei (fast) jeder Station mit einer Werft. **Größere Schiffe werden nur an reichen, großen, technik-orientierten Stationen angeboten.** Wer ein imperiales Schiff an einer Föderationsstation kaufen will, der hat nicht wirklich die politische Landschaft begriffen.

7. Wartung

Neben dem Menüpunkt Sprit und Co noch ein ganz wesentlicher Menüpunkt. Tu Dir selbst den Gefallen und mache Dir zur Gewohnheit direkt nach jeder Landung sowohl bei Wartung als auch bei Sprit und Co vorbei zu schauen.

4. Navigation

Die einfachste Form der Navigation hast Du bereits beim »Ersten Flug« kennengelernt – dabei öffnest Du einfach das linke Cockpitfenster (Standard-Taste: »1«) und wählst ein nahegelegenes Ziel aus, zu erkennen am Kürzel »lj« (Lichtjahr) hinter dem Namen.

Diese Kurzliste ist vor allem bei Missionen im Nahbereich einer Fraktion oder beim Handeln mit nahe gelegenen Systemen sinnvoll. Leider zeigt sie nur Ziele im **Bereich von maximal ca. 15 – 19 Lichtjahren an.**

Diese maximale Darstellung wird leider nicht vom Schiff oder vom »Kommandanten« beEinflusst, sondern von der Anzahl der erreichbaren Systeme. Ist man von vielen naheliegenden Systemen umgeben, verringert sich die Reichweite durch die Begrenzung der maximalen Sprungziele.

Für weitere Strecken bietet sich die Verwendung der Galaktischen Karte (Kapitel 4.2.1.) an Hier finden sich neben einer Routenplanung für Strecken von **bis zu 1000 (!) Lichtjahren** auch verschiedene Optionen zur **Reichweitenverlängerung** oder zur Optimierung des Streckenverlaufs.

Durch die lange Ladezeit und die unzähligen Optionen sollten diese Karten nicht für Kurzstrecken verwendet werden.
Wenn die **Reichweite** einmal nicht ausreicht, gibt es überdies verschiedene Möglichkeiten der **Verbesserung** ohne gleich Schiffsteile einkaufen zu gehen.

4.1. Sprungreichweite und Ausstattung

Für das Reisen, egal ob auf kurze oder auf lange Distanz, sind zwei Faktoren von entscheidender Bedeutung. Die größtmögliche einzelne Sprungdistanz und die Frage, ob der Treibstoff für die Gesamtstrecke ausreicht oder wie man unterwegs nachtankt.

Die Sprungdistanz des Schiffes kann vom »Kommandanten« stark beEinflusst werden. Wichtig sind dabei zwei Dinge: Die **Qualität des »FSA« Sprungantriebs und das Gewicht** des Schiffs.

Beim **»FSA« Sprungantrieb** sollte immer das größtmögliche Modul verwendet werden, zu erkennen daran, dass die die Größe beschreibende Nummer des Modules so groß ist wie die maximale Größe des Kern Moduls »FSA«.

Ist ein Klasse »3« Sprungantrieb möglich, sollte unbedingt auch diese Klasse verwendet werden, alle kleineren Klassen sind viel zu schwach.

Darüber hinaus verwendet man beim »FSA« Sprungantrieb immer die Modulqualität, die man sich leisten kann – auch wenn im Abschnitt über Schiffsausrüstung in Bezug auf Module etwas anderes steht, das gilt nicht für den »FSA« Sprungantrieb: **wer Reichweite will, kauft einfach das Teuerste.**

Der Sprungantrieb selbst kompensiert nämlich das hohe Gewicht bestimmter Modulqualitäten mit erhöhter Sprungkraft. Und das bedeutet schlicht **»mehr Reichweite pro Credit«.**
Der Nach dem FSA zweite entscheidende Faktor für die maximale einzelne Sprungdistanz ist das Gewicht des Schiffes.

Es hilft ungemein, auf die schweren Modulqualitäten »E« und »B« zu verzichten. »E«-Module weil sie einfach nur schlecht sind, »B«-Module weil ihr Gewicht enorm zu Buche schlägt und die Sprungreichweite massiv verschlechtert.

Wer eine maximale Reichweite erzielen will, **wählt »D«-Module (Eselsbrücke: D = Diät),** oder eventuell »A«-Module einer Klasse, die eine oder zwei Stufen unter der maximal möglichen Größe liegt. Aber Vorsicht: Kleinere Klassen können Probleme bereiten, zu kleine Schilde beispielsweise decken nicht den gesamten Rumpf ab. Es kommt zu Schaden an der Hülle, obwohl die Schilde intakt sind!

Oft ist nicht die **Sprungreichweite für den einzelnen Sprung der limitierende Faktor**, sondern die **Gesamtreichweite.** Einige Schiffe stellen Reichweiten von 150-200 Lichtjahren bereit, bei anderen ist die maximale Reichweite nach 2-3 Sprüngen schon ausgereizt.

Es ist also auch wichtig, die Gesamtreichweite zu erhöhen. Das kann man durch den Einbau von **Zusatztanks** erreichen. Das erhöhte Gewicht durch den mitgeführten Treibstoff verringert aber wiederum die Einzelsprungreichweite, die wir ja eben erst mühsam erhöht haben. Besser ist daher die Verwendung eines **Fuel Scoops** wie bereits in Kapitel 2 beschrieben.

4.2. Längere Strecken

Wenn man längere Strecken, d.h. mehr als 1-2 Sprünge in »bekanntem« Gebiet zurück legen möchte, besitzt Elite mächtige Funktionen inklusive eines sehr schnellen und zuverlässigen Routenplaners. Aber auch lokal bieten die ingame Karten reichlich Informationen, viel mehr als hier für Anfänger beschrieben werden kann. Deshalb ist alles aufs Wesentliche reduziert.

4.2.1. Die galaktische Karte

Diese Karte ist im linken Schiffsmenü erreichbar (Standard-Taste:»1«). Sie ist DAS Werkzeug schlechthin für jede Reise über 10-15 Lichtjahre (oder über einen einzelnen Sprung hinaus). Für kürzere Strecken ist die Navigationskurzliste im gleichen Menü ausreichend.

Macht man die galaktische Karte auf, sieht man die fünf wichtigen Tabs oben links, die durch Symbole gekennzeichnet sind.

Linien – Die Beschreibungsseite dessen, was gerade angewählt ist

Hier sieht man alle relevanten Daten des jeweiligen Systems auf einen Blick. Wichtig sind vor allem die Sternklasse (nur KGBFOA und M sind »tankbar«, Du erinnerst Dich an den Merksatz von oben), die Bevölkerungsgröße, der Zustand und die Wirtschaft. Darüber hinaus zeigt diese Ansicht, welche Schiffe im System geparkt sind.

Route – (Linie mit Punkten) Die Seite zum Erstellen von Routen

Hier kann man recht einfach eine Route zu einem Ziel darstellen lassen. Einfach das <u>exakte</u> Zielsystem in die Suche eingeben und suchen lassen, dann mit dem Mauszeiger auf das System in der Karte zeigen und mit dem dort vorhandenen Routensymbol eine Route erzeugen.

> **Wichtig**
> **Bei angezeigten Routen: Gestrichelte Linien bedeuten**
> **»NICHT genug Treibstoff«.**

Ohne vorheriges Auftanken durch einen Zwischenstop oder die Verwendung eines Treibstoffsammlers wird hier ein Besuch auf der **Webseite der »Fuel Rats« für einen Reservekanister** nötig.

Unter »Sprungdaten« wählt man normalerweise »Schnellste Route« aus, da die wirtschaftlichen Routen unverhältnismäßig länger sind. Nur falls partout kein Treibstoffsammler verwendet werden soll oder wenn man ein Gebiet näher erkunden will, wählt man hier die »wirtschaftliche« Route.

Ein FSA Boost wird später noch beschrieben, man kann durch speziell hergestellten Treibstoff für einen Sprung eine deutlich höhere Sprungreichweite erzeugen. Dies sollte dem Notfall vorbehalten bleiben, da das Beibringen der dafür nötigen Materialien recht zeitraubend ist.

Der Regler »Frachtmasse« wird normalerweise von der vorhandenen Fracht selbst eingestellt, der kann aber hilfreich bei bestimmten Situationen sein, die hier aber nicht weiter behandelt werden. Er simuliert einfach das Vorhandensein von Fracht.

Lesezeichen – Die Liste der bereits gesetzten Lesezeichen – zum Aussuchen und Verwalten

Lesezeichen sind nicht nur sinnvoll als... Lesezeichen. Sie haben auch Auswirkungen auf die Darstellung der Karte selbst. Wenn man Systeme öfter anfliegt, sollte man schon alleine deshalb ein Lesezeichen setzen: **Das System wird dann sicher in der Karte dargestellt und nicht als »unwichtig« übergangen.**

Sterne – Das Symbol zur Anpassung der Kartendarstellung

Dieser Tab ist unterteilt in drei Sparten.

Die Sparte REALISTISCH besitzt keine weiteren Optionen, sie ist schlicht die klarste Darstellung der einzelnen Systeme ohne viel zusätzliche Informationen. Mögliche Sprünge, Lesezeichen, Schiffe, Gemeinschaftsziele – alles was man auf einen Blick benötigt. Eine gute Wahl.

Die Sparte KARTE ist genau das Gegenteil: Hier lässt sich die Karte mit allen möglichen Daten verknüpfen, um beispielsweise im Handel sinnvolle Einkommensrouten darzustellen. Dazu einfach die gewünschte Ware anwählen und mit dem Import bzw. Exportpreis verknüpfen. Dabei können auch Handelsrouten sehr hilfreich sein.

Eine Vielzahl anderer Informationen, nicht nur zum Thema Handel sind hier verfügbar, schau Dir bitte die Optionen einmal in Ruhe an für den Fall, dass Du eines Tages etwas suchst. Diese Kartenansicht ist sehr mächtig.

Die Sparte MACHTSPIELE zeig alle nötigen Informationen zu den Machtbereichen der Powerplay Charaktere. Ihre Ausdehnung, welche Systeme kontrolliert oder ausgebeutet werden, ihre Hauptquartiere usw.

Server – Optionen zur Darstellung in der Kartendarstellung

Dieser Tab ermöglicht einem die Markierungen an bestimmten Systemen selektiv auszuschalten. Für Explorer sind selbstredend andere Symbole von Bedeutung als für Händler.

4.2.2. Die System Karte

Auch die Systemkarte besitzt Tabs, die die Anzeige näher bestimmen

1. **Sternensystem**
   Hier erfährt man alles relevante zum System auf einen Blick, vor allem die momentane politische und wirtschaftliche Situation der beteiligten kleineren Fraktionen.

   Durch umstellen von KARTE auf SONNENSYSTEM kann man überdies die Anzeige von der flachen Darstellung zur 3D-Sonnenystem-Darstellung ändern, was für's räumliche Verständnis von großem Vorteil sein kann.

2. **Linien**
   Dieser Tab zeigt nähere Informationen zu einem ausgewählten Objekt. Bei planetaren Objekten beispielsweise die physikalischen Daten, was bei geplanten Landungen sehr hilfreich sein kann. Bei Stationen zeigt sie alle relevanten Wirtschaftsdaten und die Besitzverhältnisse.

3. **Lesezeichen**
   Dieser Tab zeigt alle gesetzten Lesezeichen im System.

4. **Zielmarker**
   In diesem Tab erhält man eine Auflistung aller bekannter anfliegbarer Strukturen, Stationen, Bodenstationen und landbare Planeten.

4.2.3. Die Planeten Karte

Die Planeten Karte entspricht weitestgehend der System Karte, nur eben auf planetarer Ebene.

4.2.4. Die Sache mit den Neutronen-Sternen

Wer schnell von A nach B kommen muss – oder schlicht keine Freude an stundenlangem Springen hat, der kann in der Routenplanung die Verwendung von Neutronensternen aktivieren.

Je nach Route und Sprungvermögen des Schiffes kann man hier teilweise deutlich Zeit gewinnen, wenn man die Möglichkeit der Neutronensterne nutzt, die Sprungreichweite zu erhöhen.

ABER VORSICHT!
Die Verwendung des Neutronensternkatapults immer mit Beschädigung und oft mit zerstörerischer Gefahr verbunden!

Um trotz aller Warnung einen Neutronenstern zur Reichweitenerhöhung zu nutzen, positioniert man sich zuerst in sicherer Entfernung und betrachtet das Monster in Ruhe.

Neutronensterne besitzen einen Doppelschweif, der an gegenüberliegenden »Polen« austritt. Ziel ist es, das eigene Schiff durch Ausrichtung **VOM STERN WEG und INNERHALB** eines solchen Schweifs »in den Fluss« zu bringen.

Dazu fliegt man langsam und kontrolliert in die äußeren Bezirke des Schweifs ein. Wichtig dabei ist das vorsichtige Einfliegen mit einer Ausrichtung die immer vom Stern weg zeigt und immer außerhalb des inneren Bereichs bleibt. Man will ja nicht hinein stürzen und mit all der Hitze und Strahlung kämpfen, man will nur den Schweif nutzen.

Im Schweif angekommen wird der Seegang deutlich rauer und die Meldung des FSA Sprungantriebs »außerhalb der Spezifikationen« wird sichtbar. Nun bitte ohne Hektik, aber zügig die Galaxiekarte öffnen und eine Route mit Neutronenstern auswählen.

Danach wird noch der Sprungantrieb gestartet und los geht's mit dem extra weiten Sprung.

Und hier nochmal: VORSICHT. Neutronensternbenutzung hat schon viel Frust erzeugt. Die Benutzung ist niemals 100%ig sicher.

4.3. Nitromethaneinspritzung [Horizons]

Selbstverständlich gibt es kein Nitromethan in Elite Dangerous. Aber gib's zu, das war ein »mal anschauen« Magnet.

Was es gibt, ist die Möglichkeit den »Sprit« für den Sprungantrieb zu synthetisieren. Sterng genommen nicht den Sprit, den muss man trotzdem noch in ausreichender Menge zur Verfügung haben, aber einen Zusatz, der je nach Stufe (1-3) 25%, 50% oder sogar 100% mehr Reichweite für EINEN Sprung zur Verfügung stellt.

Diese Methode der Reichweitenerhöhung ist gefahrlos und weder mit Beschädigung noch mit spontaner Selbstzerstörung in Verbindung zu bringen – im Gegensatz zur Neutronensternmethode.

Um die Reichweite zu erhöhen öffnet man das rechte Fenster im Schiff (Standard-Taste:»4«) und wählt unter »Inventar« den zweituntersten seitlichen Tab in Form einer Wabenstruktur an.

Unter »FSA-EINSPEISUNG« findet man dann die drei zur Verfügung stehenden Stufen.

Hier kommt der Haken: Die notwendigen Materialien müssen vorher beschafft worden sein, im Falle der höchsten Reichweitenstufe sogar seltenes Material wie Yttrium und Polonium. Diese »hochgradigen« Materialien sind ohne Horizons kaum bekommen, womit diese Form der Reichweitenerhöhung de facto den »Privilegierten«, den Besitzern des »Horizons« Pakets vorbehalten ist.

5. Geld verdienen und was erleben für Anfänger

Im Grunde genommen ist Elite kein MMO, sondern **ein riesiger »Sandbox« Simulator.** Da dieser aber ohne »Gott Modus« auskommen muss, **ist das Geld verdienen ein wichtiger Faktor.**

Freut man sich anfangs noch über die erste Million und eine damit ganz ordentlich ausgestattete Sidewinder, ist den Ausgaben im Schiffsbereich nicht wirkliche eine echte Grenze gesetzt: **eine voll ausgestattete Kampf-Corvette kostet schnell eine Milliarde (!) Credits und mehr.**

Die gute Nachricht ist, dass das Einkommen schnell steigt.
Hat man Anfangs noch Mühe 100.000 Credits pro Stunde zu
verdienen, erschließen sich mit der Zeit immer mehr
Einnahmequellen **die letztendlich in 20-100 Millionen
Credits pro Stunde münden.**

**Wer sich einen großen Gefallen tun will, der betrachtet Elite
nicht als Spiel und schon gar nicht als eines mit einem
Endspiel.**

Daraus resultiert dann, dass man zwar alle Tätigkeiten mit
maximaler Effizienz ausführt, das gefürchtete »Ackern« (den
»Grind«) aber auslässt. So kommt man etwas später zu den
großen Geldmengen und den riesigen Schiffen, letztere sind
aber für die meisten »Kommandanten« sowieso kein
Vergnügen, weil sie nicht schnell, nicht agil und ganz sicher
nicht »locker flockig« zu betreiben sind. **Immerhin ist man
bei den ganz großen mit 50 Millionen (!) und mehr an
Versicherungs-Zahlung dran, wenn doch mal etwas schief
geht.**

**Einer der wichtigsten Tipps ist es also, »unterwegs« Spaß zu
haben: Ziele setzen ja, sich aber niemals dafür über Gebühr
abmühen.**

Etwas abgewandelt, aber sehr zutreffend:
Der Weg ist das Spiel!

5.1. Die Sache mit den Rängen

Ränge in Elite Dangerous haben mehrfache Bedeutung. Nicht
nur, dass sie vielen Leuten als Ziel für Erreichtes dienen, sie
schalten auch Systeme und Schiffe frei und sind
Voraussetzung für lukrative Missionen.

Fun Fact: Wer einen »Elite« Rang in einem der drei Bereiche Exploration, Handel oder Kampf erreicht, erhält Zugang zu Shinrarta Dezhra's Jameson Memorial Station.

Dort gibt es alle Schiffe, alle Module und alle Waffen ohne viel Reisen an einem Platz mit einem <u>5%igen Preisnachlaß</u>. Wenn das kein Anreiz ist...

<u>5.1.1. Die »Elite« Ränge</u>

Elite Dangerous bietet drei »Haupt« Ränge um den eigenen Fortschritt zu verfolgen: Exploration, Handel und Kampf.

Eines haben diese drei Rangsysteme gemeinsam: Der Sprung von einem Rang zum nächsthöheren Rang ist mit jeder Stufe um 100% aufwändiger, d.h. bewertet man den Aufwand für den Sprung von Rang 1 auf Rang 2 mit einem Basiswert von 100, benötigt man für den nächsten Sprung einen »Aufwand« von 200.

Es ist sinnvoll, für einen ausgewogenen Fortschritt bei den drei Hauprängen zu sorgen, da alle drei Einfluss auf das Angebot von Missionen haben.

Wer sich sicher ist, eine Karriere im Kampf starten zu wollen, kann zwar durch das dann verschwindend geringe Interesse an »zivilen« Missionen gezielt auf den Kampfrang hinarbeiten, für das Gros der »Kommandanten« ist die Ausgewogenheit jedoch von Vorteil.

5.1.1.1. Exploration

Zuerst die Ränge der Reihenfolge nach:

- **Total Planlos**
- Fast Planlos
- Späher
- Landkundiger
- Wegebner
- Pfadfinder
- Ranger
- Pionier
- **Elite**

Früher konnte man grob geschätzt von etwa 160 Millionen Credits Einkommen durch verkaufte Kartographiedaten für das Erlangen des Elite Rangs ausgehen. Das ist heute nicht mehr möglich, denn nicht nur der Verkauf besagter Erkundungsdaten erhöht den Explorations-Rang. Auch das Transportieren von Passagieren auf Explorationstouren oder auf Tourismus Missionen bietet hier ein Fortkommen.

Wer schnell im Explorationsbereich die Ränge hoch klettern will, sollte entweder gezielt »hochpreisige« Systeme bereisen, oder, noch effektiver, Passagiermissionen abschließen. Welche der Passagiermissionen dabei effektiver ist, hängt sehr davon ab, was gewählt wird und welches Schiff benutzt wird. Dazu mehr im kommenden Booklet zum Thema Erkundung.

Wichtig:
Ein gesundes Maß an Explorationsrang, also zumindest im mittleren Bereich, ist Voraussetzung für die Vergabe der lukrativeren (Passagier-)missionen.

5.1.1.2. Handel

Die Ränge nach Reihenfolge:

- **Bettelarm**
- Sehr Arm
- Krämer
- Kleinhändler
- Kaufmann
- Großhändler
- Entrepeneur
- Tycoon
- **Elite**

Im Handel waren früher ca. 1,2 Milliarden Credits durch Handeln das Maß für das Erreichen des Elite Rangs. Auch hier zählen mittlerweile Liefermissionen und Passagiermissionen (»Transportiere!«) zu diesem Gesamtbetrag, so dass auch hier vor allem für Besitzer kleinerer Schiffe mehr Fortschritt durch hohes Einkommen im Missionsbereich als durch »einfache« Handelsrouten zu erwarten ist.

Ein zumindest mittlerer Handelsrang ist Voraussetzung für die besser bezahlten unter den Handelsmissionen.

5.1.1.3. Kampf

Der Kampfrang ist von großer Wichtigkeit. Nicht nur, dass er bei Begegnungen mit anderen »Kommandanten« das meiste Prestige hat, er wird schließlich im Info Fenster sofort angezeigt, er hat auch größten Einfluss auf die Vergabe von Kampf Missionen.

Das Wichtigste am Kampfrang ist aber, dass er die Stärke der regulären Computergegner bestimmt!

Außerhalb von Missionen, bei denen der Gegner von der Gefährlichkeit der Mission abhängt, steuert der Kampfrang die »zufälligen« Begegnungen mit bösen Buben. Wer vor allem zivil unterwegs sein will und Kämpfen generell aus dem Weg gehen will, der sollte versuchen seinen Kampfrang so lange wie möglich niedrig zu halten, also bitte den unten angegebenen Empfehlungen in dem Fall vollständig zuwider handeln!

Die Ränge nach Reihenfolge:

- **Harmlos**
- Zumeist Harmlos
- Neuling
- Kompetent
- Experte
- Meister
- Gefährlich
- Tödlich
- **Elite**

Der Kampfrang steigert sich durch das Zerstören von Schiffen im Kampf – und zwar ausschließlich von Schiffen die von Computergegnern gesteuert werden. Das Zerstören von Schiffen anderer »Kommandanten« trägt nicht zum Kampfrang bei.

Je besser der Kampfrang des Gegners in Bezug auf den eigenen Kampfrang ist, desto höher ist der erreichte Bonus.

Beispiele:

- Als »Kommandant« des Kampfranges »Kompetent« wird man von einem ebenfalls »Kompetent« eingestuften Computergegner angegriffen. Dessen Vernichtung erzeugt einen Bonus zum Kampfrang von »1«.
- Zerstört man nun mit dem Kampfrang »Kompetent« einen Computergegner des Ranges »Tödlich«, erhält man einen Bonus in Höhe von »2«.
- Wird man mit dem Rang »Kompetent« von einem als »Harmlos« bewerteten Gegner angegriffen und geht siegreich aus dem Kampf hervor, erhält man nur einen Bonus von »0,25«

Wer Kampfränge steigern will, sollte also Orte aufsuchen, in denen vorzugsweise hochrangige Ziele zu finden sind, wie beispielsweise »gefährliche« Abbaugebiete.
Aber Vorsicht: Dort findet keine Unterstützung durch Sicherheitskräfte statt und die Gegner sind für Anfänger kaum zu beherrschen. Dann doch lieber erst mal eine Nummer kleiner...

Fun Fact: Es gibt sogenannte »kompromittierte« Navigationsfunkfeuer, an denen sich die gleichen Verbrecher tummeln, die man sonst nur in den »gefährlichen« Abbaugebieten findet, hier allerdings ohne die störenden Hindernisse, gefahrloser und effektiver.

Leider gibt es keine klare Regel zum Finden dieser »kompromittierten« Funkfeuer. Sollte einem beim Reisen aber einer begegnen sollte man sich diesen vielleicht für spätere Besuche merken.

5.1.1.1.4. CQC / Arena

Dieser Rang besitzt keinerlei Bedeutung für die Missionsvergabe und ist auch kein »echter« Elite Rang. Er entsteht aus dem erreichten Rang innerhalb des Spiel-im-Spiel Zusatzes »CQC« bzw. »Arena«, ein Arcade-Spaß in dem man mit kleinen Schiffen gegeneinander antritt. Wer das mag, kann in CQC/Arena eine wirklich gute und erlebnisreiche Zeit verbringen, »Elite« ist das aber weniger.

5.1.2. Die Militär Ränge

Zwei der drei großen politischen Hauptfraktionen besitzen ein Militär zum »Schutz« der eigenen Interessen: Die Föderation und das Imperium.

Diese Militärränge schalten teilweise den Zugang zu bestimmten Systemen frei, beispielsweise ermöglicht der Zugang zum Föderationsrang »Maat« Zugang zum Heimatsystem der menschlichen Rasse: SOL.
Zusätzlich ist das Erreichen bestimmter Ränge notwendig für das **Freischalten bestimmter Schiffe,** für den Imperialen Clipper benötigt man beispielsweise den mittleren Rang »Baron« in der Marine des Imperiums.

Über die Bedeutung der einzelnen Ränge kann nicht objektiv geurteilt werden, da diese für jeden »Kommandanten« von unterschiedlicher Wichtigkeit sind: Für den Einen ist der Besuch von »SOL« von höchster persönlicher Wichtigkeit, für den Anderen ist der Erwerb des Imperialen Cutter als bewaffneter XXL Frachter ein persönliches Ziel.

Ränge der Föderation und was man dafür bekommt

- **Rekrut**
- Kadett
- Fähnrich ...Abwurfsschiff
- Maat ... Zugang zu SOL
- Obermaat ... Zugang »VEGA« & »BETA HYDRI« & Assault Schiff
- Oberfähnrich ... »PLX 695«
- Leutnant ... »ROSS 128« & Gunship
- Kapitänleutnant ... »EXBEUR«
- Korvettenleutnant
- Fregattenkapitän ... »HORS«
- Kapitän
- Konteradmiral ... Föderale Corvette
- Vizeadmiral
- **Admiral**

Ränge des Imperiums und was man dafür bekommt

- **Fremder**
- Leibeigener
- Meister ... Imperialer Courier
- Knappe ... »ACHENAR«
- Ritter
- Fürst
- Baron ... »SUMMERLAND« & Imperialer Clipper
- Viscount
- Graf
- Earl ... »FACECE«
- Marquise
- Herzog ... Imperialer Cutter
- Prinz
- **König**

5.2. Missionen

Wie wir ja schon vorhin festgestellt haben ist Elite Dangerous KEIN klassisches MMO oder gar ein »quest« basiertes Spiel mit definiertem Spielverlauf.

Trotzdem ist es wichtig, sich mit dem Missionsangebot auszukennen. Außerdem ist es in Sachen Einkommen sehr sinnvoll, auf Effizienz zu achten.

Die für Anfänger am ehesten geeigneten Missionen sind Liefermissionen für Daten oder kleine Mengen an Gütern zu benachbarten Systemen. Beide Varianten sind nur wenig gefährlich. Sie liefern zwar nur kleine Belohnungen, sind aber auch schnell erledigt.

Von den Liefermissionen mit größeren Mengen sollte man vor dem Erreichen der 100-Tonnen-Fracht Klasse unbedingt **die Finger lassen.** Hier wird zwar viel ausbezahlt, die Missionsdauer beträgt aber auch viele Stunden.
Anschlagsmissionen, Militärmissionen und andere »aktive« Missionen sind in Sachen Effektivität in kleinen Schiffen auch nicht der Rede Wert. Abgesehen davon sind die Gegner in diesen Missionen nur bedingt dem eigenen Kampfrang und der Erfahrung angepasst. Die Wahrscheinlichkeit, sein Schiff hierbei zu verlieren, ist deutlich höher.

5.2.1. Einführung in die Welt der Missionen

Effektivität bedeutet bei Missionen zweierlei: Maximales Einkommen und / oder maximalen Fortschritt im Bereich Reputation oder Einfluss.

Generell ist es sehr wichtig, sich der Loyalität der kleinen Fraktionen einer Station zu versichern, die man benutzt. »Wandernde Kommandanten« haben das Problem, dass das Ansehen an den sich ständig ändernden Stationen nie über einen durchschnittlichen Wert hinaus geht. Das setzt das Angebot an lukrativen Missionen deutlich herab.

Es ist deshalb empfehlenswert, sich eine »Heimatbasis« auszusuchen. Wer als hauptsächlichen Beweggrund für die Arbeit mit Missionen das eigene Einkommen betrachtet, ist in Systemen mit großer Population und einer reichen Wirtschaft (Service, Hochtechnologie) am ehesten zuhause.

Keinesfalls sollte man sich ein Startersystem als Zuhause wählen. Zwar ist dort die Anzahl der »Kollegen« am größten, leider sind Neulinge aber zumeist schon mit den Grundlagen so überfordert, dass kaum Kommunikation stattfindet, zum Anderen ist dort die Anzahl der »Mein Ziel im Leben ist es, andere Spieler leiden zu sehen« - Vögel am höchsten.

Ideal sind Systeme, die 2-3 Sidewinder-Sprünge von den Startersystemen entfernt sind. Dort finden immer wieder Begegnungen statt, die Anzahl der psychopathischen Serienkiller ist dort aber deutlich geringer.

Beliebte Systeme sind YAKABUGAI mit der Hauptstation SEREBROV für die »zivileren« unter den »Kommandanten« und KREMAINN mit der Hauptstation WOHLER für die mehr kampforientierten »Kommandanten«. Wer untentschieden ist, worauf er langfristig hinarbeitet, ist eventuell mit LTT 15574 und der Hauptstation HAXEL PORT zufrieden. Alle drei Systeme haben ordentliche Stationsausstattung und genügend »alte Hasen«, die man um Hilfe bitten kann, wenn mal was klemmt.

Wer ängstlicher veranlagt ist, sollte sich entweder im SOLO Modus von Elite aufhalten oder die MOBIUS Gruppe verwenden. Mehr zu alledem in Kapitel 8 »Anschluss finden«.

Im gewählten »Heimatsystem« wählt man zuerst Missionen, deren »REP« Wert mit möglichst vielen »+« Symbolen angegeben wird, idealerweise mit der maximalen Anzahl: Fünf.

REP steigert schnell die eigene Beliebtheit bei der die Mission ausgebenden kleinen Fraktion. Dies führt nach Erreichen »großer« Beliebtheit nicht nur zu einem besseren Parkplatz, sondern vor allem zu einem größeren und lukrativeren Missionsangebot.

Ist die Beliebtheit optimiert, sollte man darauf achten, keine Missionen mehr zu »versauen« oder das Zeitlimit der Mission nicht einzuhalten, da man sonst schnell die erarbeitete Reputation aufs Spiel setzt und in Ungnade fällt.

Wer einer kleinen Fraktion Vorschub leisten will, wählt entweder von vorne herein Missionen, deren INF mit möglichst vielen »+« Zeichen versehen ist, oder zumindest nach Fertigstellung die Variante mit maximaler Anzahl an »+« Zeichen beim Einfluss.

In der Sidewinder als Anfängerschiff mit geringer Frachtkapazität ist es unbedingt empfehlenswert, einfache Missionen zu wählen: **Frachtlieferungen kleinerer Mengen in nahegelegene Systeme oder Datenlieferungen,** die überhaupt keine Frachtkapazität benötigen. Diese Missionen werden – wenn überhaupt – nur von schwächeren Piraten »besucht« und sind in relativ kurzer Zeit durchzuführen. Auch wenn das Einkommen pro Mission nicht sehr hoch ist, **ist das Einkommen pro Stunde doch ausreichend, da die Missionsdauer sehr gering ist.**

Kampfmissionen sind in der Sidewinder generell keine gute Idee. Am Anfang nimmt die Elite Welt mehr oder weniger Rücksicht auf das eigene (Un)vermögen im Kampf – der Kampfrang reguliert die geschickten Computergegner. Wer Kampfmissionen mit vorselektierten Gegnern »Beseitigen Sie <Name>« annimmt, sieht sich aber schnell einem Top-Computergegner gegenüber, der selbst einem leidlich erfahrenen »Kommandanten« in einem mittelgroßen Kampfschiff wie der Fer-de-Lance **mehr als nur eine Schrecksekunde beschert.**

In »größeren kleinen Schiffen« wie in der Cobra Mk III, der Viper Mk III oder gar der Vulture sind Kampfmissionen hingegen eine interessante Art mit etwas mehr »Action« Geld zu verdienen.

Eine Cobra Mk III ist sehr wohl dazu **in der Lage die größten computergesteuerten Schiffe zu zerstören.** Nicht jedes Mal, nicht ohne Federn zu lassen und es benötigt einige Zeit und geschicktes Fliegen, aber es ist machbar.

> **Merke:**
>
> **Kampf in Elite ist vor allem eine Frage des Know How, nicht nur im Fliegen selbst, sondern auch bei der Wahl der Schiffsmodule und der Bewaffnung.**

Völlig gleichgültig, welche Missionen man bearbeitet – wichtig ist, dass man ständig die Nachrichtensektion des Comm Panels (den Briefumschlag!) im Auge behält.

Findet man sein Ziel nicht, ist es sinnvoll das lokale Funkfeuer anzufliegen. Einmal dort angekommen, sucht man nach einem grau-weißen Radarkontakt in der Nähe des Navigationspunktes/Funkfeuersm, dem eigentlichen Gerät/Satelliten. Schaltet man diesen als »Ziel voraus« (Standard: Taste »T«) auf, erhält man nach wenigen Sekunden eventuell notwendige Daten.

Soll man ein Ziel in der Nähe eines Planeten oder einer anderen Landmarke finden, ist es sinnvoll sich innerhalb eines Radius von 1000ls befindlich **die Kurzliste der Navigationsziele anzuschauen. Das Missionsziel ist hier meist als Signalquelle in blauer Farbe aufgeführt.**

5.3. Kampf und Überleben

Elite Dangerous wurde von Beginn als »halsbrecherische« (»cut throat«) Galaxie verkauft. Das kann man zwar guten Gewissens als Übertreibung der Marketing Abteilung betrachten, nichtsdestotrotz ist es wichtig sich mit dem »Fressen und Gefressen werden« im 34ten Jahrhundert zu befassen.

Die obersten zwei Regeln für Kampf und Überleben in Elite Dangerous sind:

1. Gute Nachbarschaft

Der Ort an dem man sich aufhält und die Bedingungen dieses Aufenthalts sind nicht nur bei Computergegnern von größter Wichtigkeit. Kann man sich die wirklich gefährlichen **Computergegner einfach vom Hals halten,** indem man einfach nicht in die gefährlichen Abbaugebiete und die militärischen Konfliktzonen fliegt, ist die **Gefährdungsvermeidung bei menschlichen Spielern** weniger auf »einen Fleck im System« als auf Systeme an sich bezogen. In anderen Worten: Aggressive menschliche Spieler sind vor allem in den Startersystemen(was über deren soziale Ausrichtung leider Bände spricht), an aktiven Gemeinschaftszielen und an Engineer Basen zu finden. Alle diese Orte sollten mit vulnerablen Schiffen am besten **im SOLO Spielmodus** besucht werden. Andernfalls sollte man sich schon mental darauf einstellen, dass es jederzeit zu einem Verlust des eigenen Schiffes kommen kann.

2. Auch Nicht-Kämpfen erzeugt Gewinner

Dies erscheint zuerst widersprüchlich, wenn man von einem Kampf als nötigen Teil einer Auseinandersetzung ausgeht. **Tatsächlich ist die Elite Welt aber, wie im echten Leben, vielschichtiger:**

Es gibt Kämpfe, aus denen man nicht siegreich hervor gehen kann. Dann ist es weiser und sinnvoller, einem Kampf aus dem Weg zu gehen und durch simples Überleben festzustellen, dass man eben den besten denkbaren Ausgang gewählt hat.

An dieser Stelle also nochmal der dringende Hinweis, sich die **Hinweise in Kapitel 2.6. zum Überleben feindlicher Angriffe durchzulesen und zu verinnerlichen.**

5.3.1. Überleben

Auch dieser Teil beginnt zuerst mit dem Hinweis: Bitte unbedingt das Überleben von Abfangmanövern aus Kapitel 2.6. lesen. Wer das kann ist schon mal fein raus wenn's »dringend« wird.

Plätze, die man nur in **SOLO** oder gar nicht besuchen sollte, solange man wenig Geld verdient und ein zerstörtes Schiff einem weh tut:

- **Die Startersysteme** – LHS 3447 – Eravate – LHS 3006 – Asellus Primus und die direkte Nachbarschaft.

- **Die Engineer Basen** – in der galaktischen Karte mit dem violetten 6-Eck Symbol markiert.

- **Aktive Gemeinschaftsziele** – in der galaktischen Karte mit dem gelben 5-Eck Symbol bezeichnet.

Der SOLO Modus entspricht vollständig dem OFFENEN Spielmodus, bis auf die Abwesenheit von Menschen. Da menschliche Spieler um ein Vielfaches gefährlicher und unberechenbarer als computergenerierte Charaktere sind

Eine PRIVATE GRUPPE kann von jedem »Kommandanten« erstellt werden, um Freunden das Recht zu geben in dieser kleinen »privaten Welt« unterwegs zu sein. Auch hier ist man vor Übergriffen anderer Spieler sicher, aber eben nicht zwangsläufig ganz alleine.

Die größte reine PvE (Player vs Environment) Gruppe ist die MOBIUS Gruppe. Teilnehmer dieser Gruppe verpflichten sich unter anderem keinerlei Kampf zwischen Spielern zu intitiieren, ein Verstoß gegen diese (und andere) Regeln hat den sofortigen Ausschluss zur Folge.

MOBIUS »Kommandanten« sind **überwiegend sehr freundliche und sehr höfliche Menschen,** die Teilnahme an dieser Gruppe sei jedem ans Herz gelegt, der einen **friedlichen Weg in Elite einschlagen** will ohne auf menschlichen Kontakt verzichten zu wollen.
Oder kurz: Wer Elite Dangerous vor allem als entspannendes »Aufbauspiel« sieht und wem es weh tut, plötzlich aus dem Hinterhalt attackiert zu werden und sein Schiff zu verlieren, der ist in Mobius richtig.

www.elitepve.com

Die Wahl des richtigen Schiffes und die Anpassung an seine Stärken und Schwächen ist für das eigene Überleben von großer Bedeutung. **Langsame, große Schiffe mit schwachen Schilden sind ungleich gefährdeter als kleinere Schiffe mit schmaler Silhouette und hoher Geschwindigkeit.**

Ein echter Überlebenskünstler ist beispielsweise die Cobra Mk3.

Dreht man wie im Kapitel 2.6. beschrieben zuerst einmal in Richtung des Gegners und boosted dann mit hoher Geschwindigkeit an ihm vorbei, um ihn in eine Umkehrkurve zu zwingen, erzeugt man in kürzester Zeit selbst bei schnellen und wendigen Angreifern genug Abstand um in Kombination mit der schmalen Silhouette kaum Schaden an den eigenen Schilden zu »kassieren«.

Echte Problemfälle wie der T-7 Transporter, der zumeist sogar aus Gründen erhöhter Frachtkapazität ohne Schilde genutzt wird, zeigen ein ganz anderes Bild: Es ist sehr schwer, Distanz zum Gegner aufzubauen, man ist kaum zu verfehlen und das bisschen vorhandene Hülle ist in Sekunden Geschichte.

Nun ist man natürlich versucht, der sicheren Zerstörung durch das Ausschalten des Spiels oder das Kappen der Internetverbindung zu entgehen.

Dazu einige WICHTIGE Informationen:

Das sogenannte »combat logging«, also das sich-aus-dem-Spiel-Kontext nehmen, egal auf welche Art (Ausnahme siehe unten) ist selbstverständlich ein unerlaubter Eingriff und kann von Frontier Development abgestraft werden. Das kann bis hin zum Entzug des Accounts gehen.

Auch wenn das bisher meines Wissens noch nicht geschehen ist (und vermutlich nie geschehen wird), sind die Konsequenzenzen dieser unerlaubten Handlung doch nicht so schön: Es gibt gleich mehrere Foren und Gruppierungen im Internet, die es sich zur Aufgabe gemacht haben den Ruf von combat loggern so richtig durch den Kakao zu ziehen.

Deshalb hier die große Bitte: Auf gar keinen Fall einfach den Task des Programms »killen« oder gar die Internetverbindung unterbrechen. Das gibt vor allem den »üblichen Verdächtigen«, den Serienkillern unter den Kämpfern, enormen Vorschub für ihr Ego.

Wenn es denn unbedingt sein muss, sich mit »Gewalt« zu entziehen, dann verwende bitte die eingebaute Funktion: ESC Taste ins Menü und das Spiel regulär verlassen. Diese Funktion besitzt einen max. 15 Sekunden langen Verzögerungs-Timer und ist VÖLLIG IN ORDNUNG.

Die eingebaute 15-sec-Verlaß-Funktion ist ein Teil der Spielmechanik und kann jederzeit verwendet werden. Früh eingesetzt erspart dir diese selbst bei Spielerangriffen oft die Zerstörung.

Wichtig ist zu wissen, dass vor allem die (kleine) Serienkillerfraktion unter den Spielern sich an dieser Funktion stört und auch Verwender dieser als »Böse Combat Logger« in ihrem Ruf schädigen will. Der Punkt hierbei ist, dass diese Leute sich dadurch aber nur lächerlich machen, **denn letztendlich jammern und weinen sie darüber, dass jemand eine Spielfunktion benutzt hat um sich ihren Hass-Aktionen zu widersetzen.** Also einfach drüber lachen.

5.3.2. Kämpfen

Kämpfe bestehen zum Einen aus einfachster Mathematik: Ausgeteilter Schaden gegen empfangenen Schaden in Bezug auf die defensiven Fähigkeiten der Beteiligten. **Zum Anderen aus den Fähigkeiten der Beteiligten** bestimmte Gefahren zu umschiffen, sich selbst keinen Hitzeschaden zuzufügen und die »Zeit-am-Ziel« zu maximieren.

Abgesehen von der Ausstattung des eigenen Schiffes ist es von entscheidender Bedeutung, die defensiven Fähigkeiten maximal zu nutzen. Das Wichtigste dabei, auch und vor allem für Anfänger, ist die richtige Nutzung des Kraftverteilers.

Der Kraftverteiler ist ein Modul im Bereich »Kern«, der den Energiestrom vom Kraftwerk zu den einzelnen Modulen steuert. (Eigentlich ist die Funktion komplexer, denn es geht auch und vor allem um Hitze, aber das ist für den Anfang von nebensächlicher Bedeutung.)

Der Kraftverteiler besitzt neben der RESET (RST) Funktion (Standard-Taste: »Pfeil-nach-unten«) zum Zurücksetzen der Verteilung auf jeweils 2 von 4 maximalen »PIP« in alle drei Teilbereiche noch drei weitere Zuteilungsrichtungen:

SYS – Der Systembereich. Neben der grundlegenden Versorgung der »Utility« Module stärkt die Einstellung »4 PIPS in SYS« den Schild so sehr, dass er 250% Schildstärke erzeugt (ausgehend von einem Basiswert von 100% bei 0 PIPS in SYS). Zudem heilen Schilde schneller.

ANT – Der Antriebsbereich. »4 in ANT« lässt das Schiff sowohl im normalen Betrieb als auch im Boost Betrieb eine höhere Geschwindigkeit erreichen und macht das Schiff deutlich agiler in Kurven. Zudem ist das Nachladen des Boosters beschleunigt.

WAF – Der Waffenbereich. Leider, leider, leider ergeben »4 in WAF« keine stärkeren Waffen, aber die Feuerdauer ist deutlich höher als mit weniger Zuweisung in diesem Bereich. Wichtig ist auch, dass die Verwendung von Waffen mehr Hitze-Erhöhung im Schiff ergibt, wenn der »WAF« Speicher leerer ist, als wenn er voller ist. Das ist Anfangs noch nicht schlimm, aber etwas worauf man immer mal achten sollte, man will ja irgendwann ein mächtiges, großes Schiff fliegen…

Kämpfe in Elite Dangerous sind zumeist keine klassischen »Dogfights«, also Verfolgungs- oder Kurvenkämpfe, da man – vor allem als Anfänger – kaum dazu in der Lage ist, einen Gegner im Ziel zu behalten, so dass dieser einen nicht »abschütteln« kann. Anstatt sich nun kontinuierlich in eine suboptimale Feuerposition zu bringen und sich durch den Versuch der Verfolgung alle Vorteile zu rauben, wechselt man lieber von vorneherein zu einer Art **»Angriffswellentaktik«** über.

Diese Angriffswellen laufen, wie der Name schon sagt, immer wieder von Neuem ab und bestehen aus mehreren Phasen:

Phase 1: Der Angriff

Man fliegt auf den Gegner zu und attackiert ihn mit allem, was »WAF« so hergibt. Dazu stellt man ausnahmslos »4 PIPS in SYS« ein, um maximalen Schutz vor der gegnerischen »Antwort« zu haben.

Am Einfachsten ist hier, sich zu merken:
1 x Pfeil runter + 2 x Pfeil links – dies ergibt 4 PIPS in SYS und jeweils einen PIP in ANT und WAF – somit läuft nichts leer und man ist maximal geschützt.

In der Angriffsphase sollte man, vor allem bei kleineren Schiffen, **daran denken, dass man keine allzu großen Schilde besitzt** und nach Möglichkeit gegnerischem Feuer ausweichen sollte.

Das ist bei zielgeführten Waffen nur mir Täuschkörpern möglich.

Bei fixen Waffen, vor allem den gefürchteten großen Plasmabeschleunigern, funktioniert ein einfacher Kniff: Man behält einfach während der Angriffsphase Vektorschub nach unten – wie beim Aufsetzen auf dem Landepad – bei, und rotiert alle 5-10 Sekunden ein wenig um 10-20 Grad zu einer Seite.

Dieser kleine »Vektorschub-Trick« irritiert die eigenen Waffen beim Angriff nicht oder nur wenig, macht es aber vor allem Computergegnern schwer Plasmabeschleuniger o.ä. auf Dich anzuwenden. Bitte rotiere nur alle 5-10 Sekunden und nicht dauernd, da die entsprechende »Vertikal«-Geschwindigkeit erst aufgebaut werden muss und das nicht geschieht, wenn Du dauernd rotierst. Auch solltest Du wirklich nur 10-20 Grad rotieren, da bei größeren Winkeln der aufgebaute Geschwindigkeitsvektor über Gebühr eingebremst wird.

An dieser Stelle sei noch die unterschiedliche **Reichweite der Waffen** erwähnt. Bei den als Standardausrüstung installierten Impuls Lasern gilt: Niemals über 1500m verwenden, denn dann sind sie nur noch eine hübsche Lichtshow. **Laser verlieren nach 500m deutlich an Schlagkraft und sollten deshalb immer nahe am Feind verwendet werden.**

Waffen größerer Reichweite sind beispielsweise Mehrfachgeschütze, diese können problemlos bis ca. 2500m – abhängig von der Größe des Ziels und seiner Beweglichkeit – verwendet werden, ohne viel von ihrer Schlagkraft einzubüßen.

Die Angriffsphase neigt sich dem Ende zu, wenn entweder WAF leer gelaufen ist und keine echte Feuerkraft mehr erzeugt wird, man zu nahe am Feind ist (unter 500m) oder das gegnerische Feuer deutlich stärker ist als das eigene.

Phase 2: Deckung und Nachladen

Ist man nahe genug am Gegner oder trifft eine der zwei anderen Abbruchkriterien zu (WAF ist leer oder der Gegner setzt einem zu sehr zu), ist es an der Zeit sich an einen sicheren Ort zu begeben, um die Kraftverteiler-Reserven aufzuladen, seine Wunden zu lecken und eventuell seine Schilde mit einer Schildzelle zu heilen.

Der Knopf für »Schnelles Deckung suchen« ist der BOOST Knopf (Standard-Taste »TAB«). Wenn man dann noch kurz vor dem Drücken dieses Knopfs nicht mehr direkt auf den Gegner zielt, sondern ein deutliches Stück von ihm weg, dann rennt man sich nicht mal den Kopf an ihm ein. Ziel ist es schließlich, sich aus dem gegnerischen Schussfeld zu begeben, nicht den Gegner zu rammen.

Das Hinter-den-Gegner-Boosten zwingt diesen, sich um 180 Grad zu drehen. In der Zeit, bis er das getan hat, ist man weitestgehend vor feindlichem Feuer geschützt (bis auf die wenigen Schiffe, die Geschütztürme verwenden – diese sind aber meist recht schwach). Je nachdem wie viel Zeit man benötigt, boostet man sogar ein zweites Mal für etwas mehr Distanz.

Sobald man den Gegner also beim Boosten passiert hat, beginnt man sofort die Energie nachzuladen. Zuerst den ANT Speicher, indem man »4 PIPS IN ANT« anweist (1 x Pfeil nach unten, 2 x Pfeil nach oben) denn ANT ist der Notausgang, er stellt die Energie fürs Boosten bereit und sollte IMMER voll sein – für den Fall der Fälle.

Sobald ANT voll ist, lädt man WAF nach, um dem Gegner in der nächsten Welle wieder ordentlich Zuneigung entgegen bringen zu können.

Irgendwo innerhalb dieses – mehr oder weniger geschützten – Zeitraums, verwendet man eventuell eine **Schildzelle um die eigenen Schilde zu heilen.** Je größer die Größen-Zahl der Schildzelle, desto mehr Hitze wird erzeugt. Also entweder kleine Schildzellen verwenden oder dafür sorgen, dass Hitze abgeführt wird!

Wichtig in dieser Phase ist, dass man das Schiffs-Hologramm rechts des Radar Schirms im Auge behält: Sieht man darauf, dass der Feind einen schon wieder beschießt, hört man – nach dem Aufladen von ANT – mit dem Aufladevorgang auf und geht sofort wieder auf »4 PIPS in SYS« zurück für maximalen Schutz.

Phase 3: Rückkehr zum Kampf
Für diese Phase gilt, dass sie eigentlich nicht nach Phase 2 beginnt, sondern sobald die Geschwindigkeit nach dem Boosten wieder in den Bereich für ideale Beweglichkeit (den blauen Bereich am Schubhebel) zurück geht.

Der springende Punkt hierbei ist, dass man versucht, sich so »flach« wie möglich zu präsentieren: **Die meisten Schiffe sind relativ flach in der Höhe** und vor allem auf größere Distanz nicht gut zu treffen, solange der Feind sie direkt von vorne oder direkt von hinten sieht. Befindet man sich außerhalb der »blauen Zone« der Geschwindigkeit, so dauert eine 180 Grad Umkehrkurve um ein Vielfaches länger, als innerhalb. In dieser Zeit ist man selbst auf größere Distanz ein riesiges, leicht zu treffendes Ziel.

Deshalb: Irgendwann innerhalb Phase 2 – nach eigenem Ermessen – darauf achten, dass die Geschwindigkeit im blauen Bereich ist, dann zum Gegner hin umdrehen.

Das Ende von Phase 3 ist dann die Rückkehr zu Phase 1: **Auf ihn mit Gebrüll!**

Überleben im Kampf ist in Elite Dangerous immer wieder auch von der Entscheidung abhängig, **ob man überhaupt kämpft,** oder ob man während des Kampfes begreift: »Das hat keinen Zweck, ich muss hier weg!«.

Als Anfänger kann man sich hier recht einfach eine klare Grenze setzen: **Sind die eigenen Schilde gefallen und die des Gegners nicht, dann ist es höchste Zeit, das Weite zu suchen:** Sofort in der Navigationsliste ein anderes System anwählen, den FSA/Sprungantrieb laden und geradeaus davon boosten bis der Sprungantrieb voll geladen ist – dann in Richtung Zielsystem drehen und ein letztes Mal boosten, um das Schiff auf dessen Richtung auszurichten.

Die Regel »Schilde unten = Verschwinden« ist nur gegen schwache Computergegner eine, die mehr oder weniger zuverlässig die eigene Zerstörung verhindert, da vor allem menschliche Gegner mit Tricks und Kniffen arbeiten: Da wird der Sprungantrieb gestört, die Hitze durch spezielle Waffen gesteigert und in Null Komma nix der Antrieb zerstört. **Je stärker der Gegner, desto mehr Sicherheits-Marge sollte man also einplanen.**

> **Tipp:** Beim »Sich in Sicherheit bringen« keine größeren Kurven fliegen, auch wenn das immer und immer wieder wohlmeinend in irgendwelchen HowTos empfohlen wird: Kurven bieten einem Gegner das eigene Schiff in voller Pracht und nur die unfähigsten Computergegner sind damit zu beeindrucken. Wer's ganz toll machen will, taumelt mit Höchstgeschwindigkeit davon, ohne seine Silhoutte durch Kurven zu vergrößern, das benötigt aber etwas mehr Übung und ist Bestandteil späterer Einführungen…

Im Vorfeld des Kampfes kann man einiges tun, um das »IchMussWeg« zu verbessern: Zum Einen kann man bereits zu Beginn des Kampfes ein anderes System im linken Navigations-Kurzmenü vorwählen, zum anderen kann man dafür sorgen, dass bei einem Treffer aufs Kraftwerk nicht gleich alle Lichter ausgehen, sondern wenigstens die wichtigsten Flucht-Systeme noch funktionieren.

Im Modulfenster rechts im Schiff (Standard-Taste: »4«) dann »E« um die Module auszuwählen stellt man zuerst alle Module auf den Wert »3« - der als Durchschnittswert dient. Dann stellt man **alle Module, die man im Kampf nicht benötigt, auf »4« oder »5«** - also beispielsweise den FSA Unterbrecher (falls installiert) oder die Frachtluke (keine Sorge, man verliert nichts wenn man sie auf »5« stellt – zu bleibt sie immer).

Nun sind alle Systeme auf Durchschnitt »3« gestellt und die im Kampf nicht benötigten auf »4« oder »5« - was soviel heißt wie: »Sollte beim Ausfahren der Waffen nicht mehr genug Strom zur Verfügung stehen, schalte diese Systeme aus und versuche die Waffen in Betrieb zu halten«.

Auf diese Weise kann man »überladen« - d.h. 102% oder 103% - je nach der Menge der »abgeschalteten« Systeme – Strom beziehen. **Bei Überlast gehen die nicht benötigten Systeme einfach aus.**

Viel wichtiger aber ist der letzte Schritt:
Die Schubdüsen und der Sprungantrieb werden auf Priorität »1« gesetzt. **Sollte man mit zerschossenen Schilden einen Treffer ins Kraftwerk erhalten, bleiben diese »1« Systeme funktionsfähig.** Anstatt im dunklen Schiff auf den Fangschuss zu warten, kann man sich professionell aus dem Staub machen.

5.3.3. Geld verdienen mit der Kopfgeldjagd

Hat man die ersten Stunden in der Sidewinder erfolgreich hinter sich gebracht und sitzen die notwendigen Handgriffe für den Umgang mit dem Schiff und den anderen Systemen, kann man daran denken einmal grundlegend in den Kampf einzusteigen.

Selbst »Kommandanten«, die eine friedliche Karriere anpeilen, sind **gut beraten zumindest die Grundlagen des Kampfes zu lernen,** sei es auch nur, um sich demselben besser entziehen zu können.

Eine gute Gelegenheit hierfür bietet sich beim Geldverdienen mit der Kopfgeldjagd. Schiffe (Nicht: Kommandanten), die gegen das Gesetz handeln, erhalten ein Kopfgeld. Dieses ist ohne zusätzliche Hilfsmittel aber nur im System-der-Tat sichtbar und wird auch nur dort beim Zerstören des Übeltäter-Schiffs ausbezahlt.

Um ALLE Kopfgelder eines Bösewichts zu erhalten, muss man ihn vor der Zerstörung mit einem **Kopfgeldscanner** untersucht haben. **Dies erhöht bei Computergegnern die Auszahlung der Belohnungen um 200-400%!**

Immer wieder sieht man »Kommandanten« nicht nur ohne diesen Kopfgeldscanner, sondern vor allem an völlig untauglichen Orten nach Kopfgeldern jagen. Deshalb hier in klaren Worten: **Verbrechern im Supercruise auflauern ist genauso wenig sinnvoll wie an regulären Funkfeuern auf sie zu warten.**

Idealerweise – und für ein Einkommen von mindestens 2 Millionen Credits pro Stunde in einer Sidewinder (!) geht man folgendermaßen vor:

1. **Fliege eine Station an, die eine Werft mit Zubehör hat** Wenn Du dich in der Gegend nicht auskennst, nutze **eddb.io** um die Verfügbarkeit des folgenden Moduls herauszufinden.

2. **Kaufe einen Kopfgeldscanner der Klasse 0E oder 0D und installiere ihn** im Utility Bereich Deines Schiffs. Alle Utility Module sind mit der Größe 0 gekennzeichnet, der Buchstabe D oder E gibt zum einen die Reichweite an (E ist schlechter/kürzer), den Preis (D ist teurer) und den Strombedarf (D benötigt mehr Strom).

Ist der Kopfgeldscanner eingebaut kontrollierst Du bitte kurz, ob Du genug Strom hast – entweder im Ausstattungsbereich oder im rechten Fenster im Schiff, im Modulbereich (Standard-Taste: »4«). In der untersten Zeile ist der Strombedarf in Prozent angegeben. Sollte er über 100% sein solltest Du Dein Kraftwerk upgraden.

Danach musst Du ihn noch einer Taste zuweisen, die bisher keiner Waffe zugeordnet ist. Dazu auch wieder das rechte Fenster öffnen und unter Feuergruppen beispielsweise Feuertaste 2 auf den Kopfgeldscanner legen, wenn die Waffen bereits auf Taste 1 liegen. **Hast Du alle beide Feuertasten belegt, dann solltest Du eine neue Feuergruppe eröffnen:** »B« - eine vertikale Reihe – und dort eine der Tasten auf den Kopfgeldscanner legen. Feuergruppen wechselt man beispielsweise mit der Standard-Taste »N«.

3. **Begib Dich zu einem Abbaugebiet HOHER Intensität in Deiner Nähe.** Diese Abbaugebiete finden sich in (fast) allen Systemen, in denen Bergbau oder/und das Verarbeiten von Bergbau Produkten stattfindet (Bergbau/Raffinerie). **Schau einfach innerhalb dieser Systeme nach Planeten mit Ringen.** Bist Du näher als 500-1000ls an diesen Ringen, siehst Du in der Navigations-Kurzliste (Standard: Taste »1«) diese Abbaugebiete gelistet. Es gibt sie in verschiedenen Graden, Du suchst die mit »hoher Intensität«.

Hinweis:
In der Nähe von Eravate findest Du solche Abbaugebiete in den Systemen **KREMAINN** nahe der VOLTA Station und im System **LTT 15574** nahe der Station HAXEL PORT.

Auch das Startersystem **LHS 3447** hat in der Nähe des Planeten 4A ein solches Gebiet. Leider ändert sich die »Zusammensetzung« der Galaxie bei größeren Updates immer wieder mal, so dass diese Informationen irgendwann nicht mehr aktuell sein werden. Bitte auf Updates achten oder sicherheitshalber nachfragen!)

4. **Stelle sicher, dass Du selbst nicht gesucht bist und keine für Piraten interessanten Dinge dabei hast.** Ersteres ist einfach, solange nicht in großen roten Buchstaben »GESUCHT« in der Nähe Deiner Tankanzeige steht, ist alles in Ordnung und die Polizei wird sich nicht für Dich interessieren. Herauszufinden, ob Du etwas an Bord hast, was Piraten neugierig machen könnte, ist auch nicht schwer: öffne einfach das rechte Fenster im Cockpit (Standard-Taste: »4«) und schau unter »Fracht«, ob Du irgendwas dabei hast. Der Frachtraum sollte leer sein, sonst weckt das Begehrlichkeiten bei Piraten, die Dir schnell den Garaus machen können und wollen, denn die sind scharf auf alles.

5. **Nun flieg das Abbaugebiet an und »tritt ein«.** Beim Anflug solltest Du darauf achten, dass Du möglichst lange vom Planeten und seinen Ringen weg bleibst, also im Rechten Winkel auf die Ringe zu fliegst. Sowohl Planet als auch Ringe besitzen eine große Masse, die dich massiv verlangsamt und wir wollen ja sehen, was sich da findet...

6. **Einmal im Abbaugebiet angekommen, fühlst Du dich schnell wie im Elite Dangerous Teaster Trailer: Hübsche Asteroiden sind zu sehen.** Und zu tun? Zu tun ist erst mal nichts. Gib dem System ein paar Sekunden (15-30) Zeit, die ersten Schiffe erscheinen zu lassen und schau Dich dann um den Mittelpunkt des Abbaugebiets herum um: Suche nach Laserfeuer, das nach Kampf aussieht. Wenn Du eins siehst, flieg dort hin. Keine Angst, ohne Fracht und nicht gesucht besteht KEINE Gefahr für Dich. Du wirst gescannt, aber weitestgehend ignoriert.

7. **Beim Kampfgetümmel angekommen** schaltest Du die Ziele einzeln durch, bis Du das Schiff mit dem »**Gesucht**« Bezeichner gefunden hast. Dieser ist Dein »Opfer« und **muss als allererstes mit dem Kopfgeldscanner untersucht werden.** Einfach die zugewiesene Taste bei ausgefahrenen Waffen (NICHT FEUERN!) drücken bis im Display vorne »komplett« zu sehen ist. Mehr Infos gibt's nicht, Du kannst nur im linken Cockpitfenster unter »Kontakte« das aktuelle Kopfgeld ansehen, aber das wird auch nach dem »Kill« gezeigt, also spar Dir die Mühe

8. **Warten ist das Wichtigste im »Kommandanten«leben, so auch hier:** Schau nach dem Scannen einfach zu, wie die Polizei dem Gesuchten Stück für Stück den Garaus macht: Zuerst wird sein Schild zerstört, dann geht es an das Eingemachte: die Schiffshülle. Letztere findest Du am linken Schiffshologramm (Gegner) als Prozentangabe. **Bei großen Schiffen solltest Du warten bis nur noch 5-10% der Hülle vorhanden sind, bei kleineren Schiffen die schneller Schaden nehmen, ist 10-20% der Hülle dein Stichwort, ab dem Du anfängst den Polizisten zu helfen: Schieß auf das Gesuchte Schiff und hör erst auf, wenn es geplatzt ist.**

> **Tipp:**
> Wer auf Polizisten schießt – sei es auch nur aus Versehen – wird seines Lebens nicht mehr froh. Bei aller Freude, endlich mal was kaputt schießen zu dürfen und dabei auch noch Geld zu verdienen: Aufpassen, dass kein Polizist getroffen wird. Die Herrschaften neigen auch ab und an dazu, mal die Schussbahn zu durchfliegen und wenn man dann im klassischen Eifer des Gefechts gerade am Feuern ist wird's doof. Also aufpassen!

9. Wenn der Gegner Geschichte ist, erscheint rechts oben in Blau die eben verdiente Summe. Oder eben noch nicht verdiente Summe, denn sie ist zu diesem Zeitpunkt erst als Gutschein im Schiffscomputer vermerkt. Sollte Dein Schiff zerstört werden, bevor Du diesen Gutschein eingelöst hast, dann ist das Geld weg. Also bitte immer wieder mal zur nächstgelegenen Station fliegen und dort unter Stationsdienste > Kontakte > Autoritäten die Gutscheine in echtes Geld umwandeln. Zu groß ist der Frust, wenn man durch einmal-aus-Versehen-auf-einen-Polizisten-schießen mal schnell mehrere Millionen an Kopfgeldern verliert!

10. Um das nächste »Opfer« zu finden sucht man nach dem ersten Abschuss kein weiteres Mal Laserfeuer, sondern **folgt einfach einem der mittelgroßen Polizistenschiffe – einer Python oder einer Viper** – diese scannt nach und nach alle Schiffe und fliegt auch sofort zum Ort des Geschehens wenn in der Nähe gekämpft wird. Wenn Du Laserfeuer siehst, kannst Du natürlich trotzdem einfach mal hin fliegen, vielleicht sind ja schon Polizisten dort.

Merke:

Auf keinen Fall solltest Du ein Abbaugebiet der Stufe »Gefährlich« nutzen – diese werden nicht von der Polizei besucht und Du bist dort völlig auf Dich alleine gestellt. In allen kleinen und sogar mittleren Schiffen eine echte Herausforderung!

Wenn Du ein Niveau erreicht hast, in dem Du alleine größere Schiffe zuverlässig zerstören kannst, fangen diese »Gefährlich« eingestuften Abbaugebiete an, ihren eigenen Reiz zu entwickeln. Alternativ kannst Du dann aber auch ein »kompromittiertes Funkfeuer« anfliegen. Dieses ist auf der gleichen Stufe der Gefährlichkeit, hat aber keine Asteroiden als Hindernisse.

5.3.4. Recht und Ordnung in Elite Dangerous

An dieser Stelle nochmal etwas Theorie zum »crime and punishment« oder: wie Elite mit Rechtsverstößen aller Art umgeht.

Vorab muss gesagt werden: Recht und Unrecht sind in Elite primär nicht an die Person gebunden, sondern an das verwendete Schiff. Diese ungewöhnliche Vorgehensweise soll es den immer gleichen Idioten schwerer machen, mit riesigen Schiffen aus lauter Überschwang Jagd auf »kleine« Kommandanten in Sidewindern oder anderen unterlegenen Schiffen zu machen. **Nur im Fall von »Mord« (der ja keiner ist, es gibt ja Rettungskapseln), wird auch personengebunden gehandelt.** Dazu gleich mehr.

Fangen wir mit den klein(st)en Verstößen an: Der frisch geschlüpfte »Kommandant« fliegt eine Station an und überschreitet aus lauter jugendlichem Überschwang im Nahbereich derselben die 100 m/s Geschwindigkeitsbegrenzung. Nicht nur das, es kommt auch noch zu einem…

Streifzusammenstoß in Stationsnähe – was im Falle eines Blechschadens nur ein kleines Bußgeld zwischen 50 und 1000 Credits zur Folge hat-

> **Vorsicht!**
> **Wird ein anderes Schiff zerstört während man rast, gilt das als Mord. Die Station eröffnet sofort das Feuer und man benötigt Kenntnisse, Glück und ein großes Schiff, um diesem Inferno zu entkommen.**

Das eben erwähnte Bußgeld zeigt sich beim Andocken an der Station sofort durch die vielen Warnmeldungen und die gesperrten Stationsfunktionen. **Unter »Kontakte« und »Autoritäten« lässt sich das Bußgeld aber sofort begleichen und alles ist wieder gut.**

Größere Bußgelder gibt es für das (versehentliche) Schießen auf »saubere« Schiffe ohne Kopfgeld oder – noch schlimmer – auf Ordnungshüter. Auch diese Bußgelder können an der Station, die das Bußgeld ausgegeben hat bezahlt werden, solange kein Schiff zerstört wurde.

Vorsicht! Das (versehentliche) Schießen auf Ordnunghüter hat – je nach Sicherheitslage des Systems in dem die Tat begangen wurde – selbst bei einfachen »Bußgeldern« ohne »Mord« zur Folge, dass man sich **»den Ordnungskräften übergibt« anstatt nur das Bußgeld zu bezahlen.** Man findet sich dann alsbald **im nächstgelegenen »Gefängnis«** wieder. Nicht auf Dauer, nicht mit Zeitstrafe, sondern frei. Es kann aber wirklich störend sein, wegen einer Kleinigkeit 50-80 Lichtjahre weit zurück reisen zu müssen, und das für ein Bußgeld. Glücklicherweise sind die Gefängnisse rund um die Startersysteme zahlreich vorhanden und deshalb die Reisestrecke nicht allzu weit.

Zerstört man ein anderes Schiff – gleichgültig ob Mensch oder Computergegner – das nicht als »Gesucht« gekennzeichnet war, erhält man nicht nur ein Bußgeld: es wird ein Kopfgeld auf einen ausgesetzt und das sogenannte »Berüchtigt«-Sein erhöht sich um den Wert »1«.

(Zu finden im rechten In-Schiff-Fenster im Tab ganz links, neben »Kontostand« und »Ersatzwert«)

Das Kopfgeld hat zur Folge, dass computergenerierte Kopfgeldjäger beginnen, auf Dich Jagd zu machen. und dass ein Scan der Ordnungshüter einen sofortigen Angriff zur Folge hat.

Falls Du einen »Kommandanten« zerstört hast, wird Dein Kopfgeld übrigens über Gebühr erhöht: Pro Notoriety Punkt erhältst Du 10% der Differenz zwischen den Versicherungssummen Deines Schiffes und Deines Gegners. **Das ist als Strafe für das Zerstören kleinerer Schiffe gedacht.** In jedem Fall aber wird Dein Schiff »heiss« und Du zahlst extra für jede Veränderung an Modulen oder den Transport solange Dein Kopfgeld nicht bezahlt ist.

Der »Berüchtigt«-Sein Wert ist von großer Bedeutung. Abgesehen davon, dass er dafür sorgt, dass das auf Dich erzeugte **Kopfgeld im Fall weiterer Schandtaten pro Einzelfall immer höher wird,** erzeugt dieser Wert – so er denn über Null steht – auch eine immer heftigere Polizei-Reaktion bis hin zum Einsatz von extrem kampfstarken Spezialkommandos.

Aber das »Berüchtigt«-Sein macht noch mehr: Du hast mit reichlich Einschränkungen zu rechnen, bis es wieder auf Null ist – und das dauert: Zwei Stunden pro Wert.

Ein Wert von 5 benötigt also 10 (!) Stunden **im Spiel** um wieder auf Null zurück zu gehen (Und evtl. einen abschließenden Sprung in ein anderes System, da sie nur dann aktualisiert wird). Das hat zur Folge, dass die bösen Buben heutzutage noch böser sind als früher – nach dem Motto »jetzt ist's schon so...« - und andererseits dass die Gelegenheits-Gangster heute viel braver sind.

Im Falle von »Berüchtigt«-sein solltest Du am besten ein nahegelegenes »Anarchie« System aufsuchen, diese Systeme sind naturgemäß toleranter gegenüber Verbrechern. Nach dem Abklingen der Notoriety besuchst Du dann am besten einen »Interstellar Factor« (Unter »Kontakte« - Rechtseinrichtungen – diesen findest Du zumeist an unabhängigen Stationen um dort dann auf die Entfernung Kopfgelder zu bezahlen oder einzulösen – mit Zusatzgebühren bzw. mit Abzug vom Erlös – aber eben ohne mit den Gefahren die damit einhergehen als »Gesuchter« eine Station anzufliegen.

5.4. Entdeckung

Mit der Version 3.3. wurde die bis dahin verwendete Mechanik im Entdecker-Bereich überarbeitet und massiv erweitert.

Es ist nicht mehr notwendig, einen »Fortgeschrittenen« Scanner mitzuführen, da dieser seither in jedem Schiff als Standard eingebaut ist. Wichtig ist aber, vor dem Abflug in den Tastenzuweisungen zu kontrollieren, dass man alle notwendigen Erkundungsgerätschaften auf entsprechende Tasten gelegt hat. Elite macht das nicht von selbst, zumindest nicht so zuverlässig, dass man sicher gehen kann es passt alles wenn man's braucht.

Dieser Scanner macht einen »kleinen« Scan in jedem System in dem man ankommt. Das bringt nicht viel Geld, wer aber viel und weiter weg springt der kann als Anfänger daraus ein ordentliches **Zubrot verdienen:**

Einfach beim Andocken an der Station in die »Universal Cartographics«, also die Kartendienste, schauen und dort die gesammelten Daten verkaufen.

Weist man im rechten Schiffs-Menü (Standard-Taste: »4«) in den Feuergruppen eine Taste diesem **Erkundungs-Scanner** zu (im HUD sichtbar als »A-Scanner), so kann man in Systemen, die als Unentdeckt oder teilweise unentdeckt gelten, **einen kompletten planetaren Scan erzeugen.** Dessen Abschluss wird kurz vermeldet und es ertönt ein charakteristischer Ton ähnlich dem eines Schiffshorns.

Wenn man in Bereichen unterwegs ist, die man selbst noch nicht bereist hat kann das Scannen ganzer Systeme ordentlich Geld einbringen,. Auf längeren Strecken sind so 50-100.000 Credits pro Sprung möglich und das ohne jeglichen weiteren Aufwand.

Das Scannen der Systemstruktur ist selbstverständlich noch nicht alles. Interessanter – vor allem in finanzieller Hinsicht – ist das **Scannen von planetaren Objekten.** Einige davon, zum Beispiel Wasser-Welten und erdähnliche Planeten erzeugen ein gewaltiges Einkommen, mit einem **zusätzlichen Bonus** wenn sie zuvor von niemandem gescannt oder/und detailliert kartografiert wurden oder/und wenn sie auch noch für's Terraforming geeignet sind. Dazu gleich mehr im »Weg zum Reichtum«.

Um einen Planeten detailliert zu erfassen, fliegt man im Supercruise bis auf rund 0.10 Lichtsekunden an ihn heran, wechselt spätestens dann in den Erkundungsmodus (Tasten zuweisen!) und startet den Oberflächenscanner. Dieser wechselt dann in eine Nur-Planet-Übersicht, die erst kompliziert anmutet, die aber eigentlich recht einfach ist.

Rechts sieht man die momentan vorhandenen, abschussbereiten Erkundungsdrohnen. Ziel ist es nun, den Planeten (und evtl. seinen Ring) mit diesen Drohnen flächendeckend zu erfassen.

Es hat sich bewährt, nachdem der evtl. vorhandene Ring mit einer Drohne beschossen wurde (beim Zielen blitzt ein »Ring« auf), **zuerst dem Planeten mittig eine Drohne zu »liefern«.**

Nach dieser zentralen Drohne geht man nun kreisrund in etwa 60Grad großen Kreissegmenten um den Planeten und schickt jeweils eine Drohne auf den Weg, um die seitlichen Bezirke des Planeten zu erfassen.

Als letzten Schritt schaut man sich dann an, wie weit man nach außen gehen muss bis die Anzeige ein »Verfehlt« bzw. »Miss« ergibt. Dann feuert man die Drohnen kurz unterhalb dieses Winkels ab, um sie möglichst auf die Rückseite des Planeten fliegen zu lassen. Man nutzt also die Anziehungskraft des Planeten um »um ihn herum« zu feuern.

Die Anzeige links unten ergibt irgendwann »100% Abdeckung« - damit ist der Planet nicht nur erfasst, sondern detailliert kartographiert. Dafür gibt es dann bei Abgabe der Kartographie-Daten am meisten Geld.

Anmerkung: Zum Zeitpunkt der Drucklegung sind leider noch keine verlässlichen Daten zum Einkommen durch Erkundung nach dem 3.3. Update erhältlich. Sicher ist aber, dass das Einkommen nochmal erheblich gesteigert wurde und so selbst bei regulärem Erkunden durchschnittlich sicher mehr als 100.000 Credits pro Sprung zu erreichen sind.

5.4.1. Der Weg zum Reichtum [HOWTO]

Englisch »Road To Riches« dies ist eine Methode, um möglichst schnell

- Entdecken zu lernen
- reichlich Geld zu verdienen
- den Explorations Rang zu erhöhen

Selbstverständlich ist es jedem »Kommandanten« selbst überlassen, ob er, um Einkommen und einen guten Explorationsrang zu bekommen, bereits von anderen entdeckte Systeme abklappern will. Die Methode ist einfach und effektiv und sollte deshalb Erwähnung finden:

Der Weg zum Reichtum besteht aus drei Schritten:

1. Die ideale Ausstattung zusammen stellen:
Ausstatten eines Schiffes mit möglichst viel Sprungreichweite, einem Fuel Scoop und einem Oberflächenscanner.

Prinzipiell ist es egal, was Du für ein Schiff verwendest – Hauptsache es hat genug Sprungreichweite (jedes Lichtjahr zählt) und Platz für einen Oberflächenscanner und einen großen Treibstoffsammler. Statte es einfach **so leicht wie möglich** aus und schon kann's losgehen.

Wer nicht viel Geld hat, dem sei hier der »Hauler« empfohlen. Ein nicht gerade begehrenswertes Schiff, das aber hervorragende Dienste als persönlicher Transporter – oder eben als low budget Explorationsschiff - leistet **für unter 700.000 Credits!**

Das ideale Vorgehen:

Kaufe einfach einen Hauler und entferne alle »optionalen« Module. Kaufe einen »3B« Kraftstoffsammler, einen »1C« Treibstofftank mit 2 Tonnen Kapazität und einen Oberflächenscanner. Entferne die Waffen und kaufe einen Kühlkörper-Werfer in einen der Werkzeugsteckplätze. Danach stelle alle Kernmodule auf »D« um, jeweils mit der höchsten verfügbaren Größe (Zahl, also zum Beispiel »4D«, wobei die Zahl so groß wie möglich sein soll).

Damit erhältst Du ein Explorationsschiff, das mindestens 28 Lichtjahre pro Sprung zurück legt und ohne Aufzutanken (falls Du's mal vergisst) mindestens 6 Sprünge mit einer Reichweite von insgesamt 200 Lichtjahren durchführt. Und das wie bereits erwähnt **für unter 700.000 Credits.**

Wer mehr Geld hat, der kann sich z.B. einen Diamondback Explorer für rund 15 Millionen nach dem gleichen Schema ausstatten. Oder eine ASP Explorer für rund 25 Millionen. Möglichkeiten gibt es genug. (Erwähnte ich, dass auch der Orca ein tolles Explorationsschiff für den Schnäppchenpreis von rund 100 Million Credits ist?)

2. Das Bereisen einer Liste von Systemen mit erdähnlichen Planeten und Wasserwelten, die dann jeweils im System gescannt und kartografiert werden

Diese Liste erhältst Du auf einer der inzwischen zahlreich vorhandenen Webseiten zum Thema »road to riches« - erzeugt nach Deinen Vorlieben. Alternativ schau in eine Liste am Ende dieses Buches, darin gibt es schon mal eine Auswahl zum sofort Loslegen.Da das Elite Universum immer wieder mal verändert wird solltest Du trotzdem immer wieder im Internet aktuelle Listen raus suchen.

Ich empfehle stattdessen die Suchmaschine der eigenen Wahl mit der Suche nach »Elite Dangerous Road To Riches« zu füttern. Das ergibt reichlich Ergebnisse mit nach aktuellen Daten oder Generatoren, die Dir passende Systeme ausspucken.

Leider ist Elite so umfangreich und bietet so viele Möglichkeiten, dass man das nicht in einem kleinen Anfänger-Leitfaden unterbringen kann. Es wird also weitere Bücher geben, Du darfst gespannt sein, wie unsere gemeinsame Reise weiter geht.

Ab Erhalt der Liste ist der Ablauf weitestgehend gleich. Man gibt das Zielsystem in die galaktische Karte ein, erzeugt eine Route und fliegt dort hin. Unterwegs drückt man in jedem System einmal lange genug die Scanner Taste bis das Schiffshorn erklingt, sorgt dafür, dass der Treibstofftank immer schön gefüllt bleibt und springt weiter.

Im Zielsystem angekommen macht man es sich zur Gewohnheit erst mal den Tank zu 100% zu füllen, dann wird das Schiffshorn bemüht und man öffnet die Systemkarte.

Die betreffenden Planeten sind meist schon auf den ersten Blick zu erkennen, falls nicht nutzt man die Angabe der Planetennummer, um den richtigen herauszufinden und ihn als Ziel aufzuschalten.

Dann fliegt man auf ihn zu und wenn man nahe genug dran ist, scannt man ihn wie weiter oben bereits beschrieben. Vollständig, inkl. 100% Kartografierung.

Danach geht's weiter zum nächsten Wegpunkt.
3. Geld machen

Jetzt kommt das Schönste an unserem »in Drei Schritten zum Geldsack«-Programm: Das Verkaufen der gewonnenen Daten.

Du fliegst zur Station und öffnest die Sternenhafendienste-Seite (Menü, wenn Du angedockt bist).

Auf dem Sternenhafendienste-Seiten-Menü gehst Du links auf »Universal cartografics«. Dort kannst Du jeweils eine Seite verkaufen (oben ein Knopf mit der Aufschrift »Seite verkaufen«). Es wird Dir auch angezeigt, wie viel diese Seite einbringt.

Bitte beachte, dass nur kartographie-Daten verkauft werden können, die mindestens 20 Lichtjahre weit weg gewonnen worden sind.

Pro Stunde bringt diese Methode mindestens 6-10 Millionen Credits. Wer mit einem Hauler gestartet hat, sollte also spätestens nach 3 Stunden **docken und kassieren.** Eine **ASP Explorer** mit mehr Komfort, mehr Agilität im Supercruise und größerer Sprungreichweite wartet.

Am Ende zählt dann übrigens nicht nur das Geld, sondern auch der erworbene Explorationsrang. Selbst wenn man die Sache nicht bis zum »Elite« Rang durchzieht, erhält man doch eine höhere Platzierung und damit bessere Missionen!

5.4.2. Echtes Entdecken

Echtes Entdecken, d.h. ohne Liste vorgegebener Systeme, ist eine Kunst für sich.

Für Anfänger sei ein kleiner Rundkurs bis zu einer Entfernung von 1000 Lichtjahren zu empfehlen – diese überschaubare Reise ist in einem Abend erledigt und das ohne viel Heimweh und ohne viel Aufwand.

Wer sich bereits mehr zutraut, der sollte sich zumindest einmal auf die Reise ins Zentrum unserer Galaxie machen und Sagittarius A besuchen. Wer geselliger ist fliegt zu Jaques, dem Androiden dessen Antriebsfehlfunktion ihn 20.000 Lichtjahre von SOL weg geschleudert hat, ins heutige COLONIA, einer Art zweiten Zivilisation außerhalb der »Blase«.

Zum Thema Entdecken wird es (hoffentlich bald) ein extra Buch oder Büchlein geben in dem Feinheiten wie Reparaturdrohnen, Wartungseinheiten, Landungen auf Planeten mit hoher Schwerkraft usw. enthalten sein werden. Für das reine Anfängerbuch wie dieses hier würde das schlicht zu weit gehen.

5.5. Bergbau

Bergbau war einst die »chill out area« von Elite Dangerous. Wer wusste, dass man lukratives Erz auch außerhalb der piratenverseuchten Anbaugebiete finden konnte - in Ruhe und ohne jegliche Gefahr – der flog einmal alle paar Wochen entspannt zu einem unberührten Planetenring seiner Wahl. Dort angekommen machte man sich sich während ein, zwei oder drei Gin Tonic (für die U18er: Saft!) gemütlich den Laderaum mit Painit und anderen schönen Dingen voll.

Der große Kritikpunkt – zurecht – hierbei war: **Mehr als »entspannt auf Steine Schießen« war das einfach nicht.** Egal wie sehr man es genießen konnte, wenn am Ende der Woche eigentlich kein Platz für »Action« mehr im Leben des »Kommandanten« war, irgendwann kommt einem das zu den Ohren raus.

Das ist jetzt alles anders. Oder auch nicht. Anders, weil der Bergbau viel mehr Tiefe bekommen hat, aber auch nicht, weil man es sich wunderbar aussuchen kann, was man im Bergbau machen will.

Lage, Lage, Lage!

So wird – zurecht – um Immobilien geworben, und genauso verhält es sich auch mit den Bergbaugebieten.

Noch lange bevor man nach »Brennpunkten« sucht und im Geröllfeld nach möglichen Fundorten scannt, muss man sich zuerst darüber im Klaren sein: Die besten Sachen gibt es in Systemen deren Planeten in der Systemkarte mit »sehr häufiges Vorkommen« markiert sind.

Ein »sehr häufiges Vorkommen« Gebiet findet man entweder, indem man in der Umgebung alle »Bergbau« Systeme einzeln abklappert, sei es persönlich oder in der galaktischen Karte Karte.

Alternativ kann man **eddb.io** benutzen. Dort wählt man »body« an und sucht nach »pristine« und »metallic« um den aktuellen Standort herum.

Die dabei entstehende Liste bietet entweder Ringe oder Gürtel an. Man wählt einfachheitshalber den Ring, in diesem ist es leichter, sich zurecht zu finden. Der Ring hat nämlich immer auch einen Planeten, an dem man sich orientieren kann. Ein Gürtel sind einfach nur Steine.

Wichtig ist die Bezeichnung, es steht in der Liste beispielsweise »DELKAR 7 A«. Leider unterscheidet besagte Liste nicht zwischen »A«-Planet (also einem Unter-Planeten des Haupt-Planeten, der diesen umkreist) und dem »A«-Ring (also dem innersten von mehreren Ringen, die den Planeten umschließen).

Hier muss man also aufpassen, denn das birgt Verwechslungsgefahr:

In unserem Beispiel handelt sich zwar um das System Delkar und auch um Planet 7, aber eben nicht um Planet »A« in der Umlaufbahn von Planet 7, **sondern um den sogenannten »A« Ring. Damit wird, wie bereits erwähnt, der innerste Teil des Ringes bezeichnet.**

Wer also bei »Delkar 7A« (dem Planeten, der den Planet Delkar 7 umkreist) einen Ring sucht, der wird keinen finden, denn der Ring umgibt ja Delkar 7. Die korrekte – und übersichtlichere – Bezeichnung wäre also »Delkar 7 A-Ring« im Unterschied zu Delkar 7 A (-Planet).

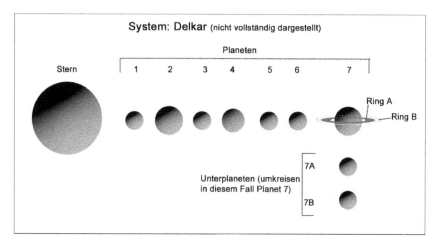

System: Delkar (nicht vollständig dargestellt)

Planeten

Stern   1   2   3   4   5   6   7

Ring A
Ring B

7A

Unterplaneten (umkreisen in diesem Fall Planet 7)

7B

Die folgenden Beschreibungen richten sich nach der verwendeten Schiffsgröße und ihren Möglichkeiten – kleinste Schiffe können nur in sehr begrenztem und keineswegs lukrativem Rahmen Bergbau betreiben.

Für echten Bergbau mit allen Funktionen benötigst Du ein Schiff mit **mindestens 5 Waffenaufhängungen** und **genügend optionalen Modulschächten.** Die **ASP Explorer** (ca. 20 Millionen Credits) oder der **T-6 Transporter** (ca. 10 Millionen Credits) sind die günstigsten Schiffe für diesen Zweck.

5.5.1. Einfacher Bergbau mit kleinsten Schiffen

Bergbau unterhalb der »Cobra Mk3« Klasse

Wer noch immer Sidewinder fliegt (oder ein anderes Schiff mit ähnlich geringer Anzahl an Waffen und Modulschächten), der sollte eigentlich die Finger vom Bergbau lassen: **Zu mühselig, zu ineffektiv. Wer es trotzdem mit einem Winzling versuchen will, hier einige Kniffe:**

Mindestausstattung zum Bergbau für kleinste Schiffe (Sidewinder, Hauler, Eagle)

1.) Ein Bergbau Laser
Bitte beachten: dieser Laser ist **nicht** kampftauglich und sehr begrenzt in seiner Reichweite. Er benötigt auch sehr viel Strom aus dem Kraftverteiler, bitte also **vor dem Schießen** auf Steine auf **»4 in WAF«** stellen, sonst wird das ein kurzes Vergnügen.

2.) Eine Raffinerie
Diese verwandelt mehrere eingesammelte (und vorher vom Asteroiden gelöste) Fragmente in jeweils eine vermarktbare Tonne Fracht.

3.) Soviel Frachtraum wie möglich

Diesen Frachtraum solltest Du, wenn kein Sammeldrohnen Controller mitgeführt wird, leer lassen. Nach und nach wird er dann von der Raffinerie mit verarbeitetem, vorher abgebautem Material gefüllt.

Kleinste Schiffe haben keine Erkundungsdrohnen und auch keine Sammeldrohnen. Sie können nur reguläre Fragmente abbauen, da ihnen die Waffen für das Abtragen oberflächlicher Substanzen ebenso fehlen wie die Gerätschaften, um tieferliegende Materialien abzubauen. An das Sprengen von Asteroiden, um an deren Kern zu gelangen, ist erst gar nicht zu denken.

Kleinste Schiffe nutzen zum Bergbau, wenn's denn unbedingt sein muss am besten Gürtel oder Ringe in der direkten Umgebung einer Station, da ihre Reichweite begrenzt ist und ein Fuel Scoop den Frachtraum noch weiter verkleinern würde.

Im Abbaugebiet angekommen, prüfe bitte zuerst, dass kein Pirat in der Nähe ist. Dieser wird Dir nichts tun, solange Du keine wertvolle Fracht an Bord hast. Du solltest aber auf jeden Fall vermeiden, mit dem Abbau von wertvollem Erz zu beginnen, wenn sich ein Pirat in der Nähe befindet. Im Zweifelsfall fliege einfach solange in eine Richtung, bis der Pirat nicht mehr auf dem Radar zu sehen ist. Auch »Gezappel«, also Anzeichen von Schiffen außerhalb des aktiven Radarbereichs, sollten weg sein, um Dich nicht unnötiger Gefahr auszusetzen.

Bist Du »sicher«, schießt Du mit Deinem Abbaulaser einfach auf einen Asteroiden. Dann findest Du heraus, was er »her gibt«, indem Du die gelösten Fragmente mit »T« aufschaltest. Dann wird Dir angezeigt, welches Material sich soeben gelöst hat.

Abbauen mit kleinsten Schiffen lohnt sich – wenn überhaupt – nur falls man einen Bergbauauftrag in einer Mission angenommen hat, der mit kleinsten Mengen großen Ertrag verspricht. Das ist sehr selten und der Aufwand der betrieben wird ist meist unter dem Stundeneinkommen, das man mit anderen Einkommensquellen erreichen kann.

5.5.2. Fortgeschrittener Bergbau mit ordentlichem Einkommen

Die Mindestausstattung für regulären Fragment-Bergbau beträgt:

1.) Ein kleineres oder mittleres Schiff mit ordentlichen Waffen und ordentlichem Frachtraum, das kleinste hierfür taugliche Schiff ist die Cobra Mk III (oder eine Viper Mk IV)

2.) Ein Impulswellenanalysator **unter Werkzeugsteckplätze,** mit dem man die vor sich liegenden Bereiche auf »erfolgsversprechende Asteroiden« scannen kann.

3.) Mindestens zwei Bergbau Laser. Diese Aussage ist etwas allgemein gehalten, da Sie auf persönlichen Vorlieben, der Kraftverteilergröße des gewählten Schiffes und einiger anderer Faktoren basiert. Du solltest mindestens zwei Bergbau Laser der Größenklasse 1 verwenden – oder mindestens einen der Klasse 2. Tu Dir selbst einen Gefallen und nimm zwei oder mehr, da Du sonst eine gefühlte Ewigkeit auf einen Asteroiden schießt, bis er endlich abgeerntet ist.

4.) Je nachdem wie viel Platz Du noch in den Waffen-Slots hast und wie viel Dein Schiff noch an Energie aus dem Kraftwerk bereitstellen kann, solltest Du danach evtl. noch einen **Bergbau – Abtragungslaser, einen Raketenwerfer für Unter-der-Oberfläche und evtl. sogar seismische Sprengladungen mitnehmen.**
5.) **Die Raffinerie** ist auch hier natürlich ein wichtiges Element. Materialien, die von den Drohnen gesammelt werden, werden von der Raffinerie wie bereits oben beschrieben in verkaufbare Fracht umgewandelt.

6.) **Ein Erkundungs-Drohnen-Controller der Größenklasse 1** ist nötig um komfortabel bereits vorselektierte Asteroiden zu untersuchen.

> **Merke:**
> Klasse 1A ist »billigeren Klassen« aufgrund der höheren Reichweite vorzuziehen. Größere Klassen (3 ist die Nächstgrößere) bieten den Vorteil, dass man zwei Erkundungs-Drohnen gleichzeitig »draußen« haben kann, das bedarf aber einiger Übung und Anpassung, meist ist die Klasse 1 genug.

7.) **Mindestens ein Sammel-Drohnen-Controller der Größenklasse 3.** Je mehr Sammel-Drohnen Du gleichzeitig raus schicken kannst, desto effektiver arbeitet Deine Raffinerie.

Bei kleineren Schiffen mit wenigen Lasern sind zwei dieser Controller der Klasse 3 als Maximum zu betrachten – die Laser sind da der begrenzende Faktor, nicht das »Sammel-Team«.

8.) **Ein detaillierter Oberflächenscanner,** um zu Beginn des Abbauvorgangs (also noch im Anflug auf den Ring) nach speziellen Gebieten Ausschau zu halten.

Diese gezieltere Suche nach wertvollem Erz beginnt bereits vor dem eigentlichen Anflug an die Ringe eines Planeten. Ist man etwas 1-2 Lichtsekunden vom Planeten bzw. von seinen Ringen entfernt, verringert man seine Geschwindigkeit bis zum völligen Stillstand (Standard-Taste »X« für 0% Schub) und scannt das System mit dem eingebauten Sternenscanner. Die Standard-Taste dafür ist »M« - dieser »Standard« ist aber nicht sicher, im Zweifelsfall betrachte bitte Deine Tastenzuweisungen in den Optionen.

Ist man im Scanmodus angekommen, wird man aufgefordert mit »Einfügen« (die Taste über dem Pfeiltasten-Block) einen **Initialscan** durchzuführen.

Ist dieser Initialscan komplett, verlässt man mit »Entfernen« (die Nachbartaste von »Einfügen«) das Scan-Menü, um im nächsten Schritt den **Oberflächenscanner** zu aktivieren. Dieser sollte nach der Installation (noch in der Station) auf eine Taste gelegt worden sein, mit der man nichts anderes auslöst.

Der Oberflächenscanner zeigt ein Cockpit-loses Bild des Planeten vor einem. Man zielt zuerst auf einen Ring und löst mit der **rechten Maustaste** eine **Oberflächen-Untersuchungs-Drohne** aus.

Tipp:
Wie bereits gehabt sollte man sich nochmal ins Gedächtnis rufen, dass alle Massen Anziehungskraft besitzen. Es ist also sinnvoller, auf die äußersten Bereiche des Rings zu zielen. So ist sicher gestellt, dass man auf jeden Fall den Ring trifft und die Sonde nicht von der Anziehungskraft des Planeten in dessen Richtung abgelenkt wird.

War die Sondenbenutzung erfolgreich, sieht man den Ring des Planeten kurz aufleuchten und man kann wieder zurück in die normale Ansicht. Auch hier solltest Du prüfen, welche Taste für die Wiederkehr in die normale Ansicht zuständig ist.

In dieser normalen Ansicht sollten nun eventuell vorhandene »Brennpunkte« im normalen Sichtfeld als goldene, hell strahlende, mehr oder weniger kreisrunde Flächen zu sehen sein. In der linken Schiffsansicht der Navigation (Standard-Taste: »1«) sieht man nun in der Liste diese Brennpunkte aufgelistet.

Die Brennpunkte bedeuten nicht, dass dort exklusiv dieses Material zu finden ist, sondern dass dort dieses Material gehäuft vorkommt.

Anfangs macht es am meisten Sinn, sich einen »**Painit**« Brennpunkt auszusuchen, da dieses hochpreisige Material ohne Probleme **auch auf der Oberfläche** der Asteroiden zu finden ist. Wer etwas Erfahrung mit dem Abbau von Materialien unter der Oberfläche vorzuweisen hat, kann sich die noch teureren Materialien als »Brennpunkt« aussuchen und beispielsweise Opale suchen.

Ein Brennpunkt wird, anders als »echte« Navigationspunkte und Abbaugebiete, einfach als »Unfall« angeflogen: Man fliegt langsam und mit »4 in SYS« für maximale Schildstärke auf den Brennpunkt zu und »kollidiert« mit dem Ring.

Am »Ring« angekommen, benutzt man nun den »**Impulswellenanalysator**«, um die Asteroiden auf Auffälligkeiten »abzuklopfen«. Gelbe und Rote Verfärbungen deuten auf lohnenswerte Erzvorkommen hin.

Nun nimmt man Kurs auf einen solchen »bunten« Asteroiden, und feuert eine Aufklärungsdrohne auf ihn ab.

> **Merke:**
> **Die Geschwindigkeit des eigenen Schiffs sollte**
> **hierbei maximal 200 m/s betragen, da sonst die Drohne**
> **eventuell vom eigenen Schiff gerammt**
> **und zerstört wird.**

Kurz nach dem Abfeuern der Aufklärungsdrohne schaltest Du bitte diese als »Ziel voraus« auf (Standard-Taste: »T«). Nach dem Auftreffen auf den Asteroiden zeigt diese Drohne ihre **Analyse links** auf dem Infofenster.

Der schwerste Teil ist das Identifizieren von Materialien, die sich wirklich lohnen. Painit, Platin, Palladium und Praseodymium sind die »4 x P«, die auf jeden Fall abgebaut werden sollten.

Darüber hinaus ist es Deine Entscheidung, wo Du die Grenze zur »Würdigkeit« ziehst. Du kannst »auf Masse machen« und einfach alles einsammeln, das mehr als 2000 Credits pro Tonne liefert, oder wählerisch sein und nur die teuren Sachen einsammeln.

5.5.3. Richtiger Bergbau

Auch wenn ich normalerweise Begriffe wie »richtig dies und das« ablehne, gibt es doch immer ein »Maximum« an Effizienz, einen mehr oder weniger idealen Weg. Auch wenn es meist mehrere Wege zum ziel gibt, **kann man doch einen Mindestbedarf an Ausstattung und Gerätschaft und einen ungefähren Weg darstellen.**

Um alle Möglichkeiten, die der Bergbau in Elite Dangerous bietet auch wahrnehmen zu können, benötigt man – leider – ein etwas größeres Schiff.

Die gute – und zugleich schlechte – Nachricht: das kleinste und günstigste Schiff, das dafür in Frage kommt, ist eine **ASP Explorer** mit Gesamtkosten von mindestens 20 Millionen Credits.

Im Prinzip ist die **»Einkaufsliste«, die Du eben unter »Fortgeschrittener Bergbau mit ordentlichem Einkommen« gelesen hast** auch hier gültig:

Neben Raffinerie und Drohnen fürs Erkunden von Asteroiden und Drohnen für das Einsammeln von Materialien erwirbt man noch mindestens 2 Bergbaulaser. Wichtig ist, dass man unbedingt auf einen Oberflächenscanner, einen Impulswellenanalysator und auf die Spezialwaffen achtet: Einen Abrasionsblaster, einen Raketenwerfer für Untergrundverdrängungsraketen und ein seismischer Ladewerfer.

Der Ablauf im Vorfeld ist identisch zum bereits beschriebenen, bis hin zum Scannen der in Frage kommenden Asteroiden im Ring. Der Unterschied besteht darin, dass man mit vollständiger Ausstattung auch die ganze Bandbreite der Erzgewinnung betreiben kann.

Sieht man beispielsweise oberflächliche Ablagerungen eines wertvollen Materials, trägt man diese einfach mit dem **Abtragungslaser** ab. Im Gegensatz zu den regulären Fragmenten, die mit dem Bergbaulaser abgebaut werden, ist der Ertrag hier **deutlich höher.** Ein einzelnes Fragment ergibt eine ganze Tonne Fracht.

Noch interessanter, wenngleich nicht lukrativer, sind **unterirdische Einlagerungen** wertvoller Materialien. Diese trägt man ab, indem man sich direkt über den betreffenden Materialien positioniert und aus einer **Entfernung von rund 400-800m eine dafür vorgesehene, ungelenkte Rakete abschießt.** Man hält die Feuertaste gedrückt und achtet auf das erscheinende »Laufband«. In diesem sind blaue Bereiche, diese stellen die Schicht dar, in der wertvolles Material zu erwarten ist.

Lässt man die Feuertaste in dem Moment los, in dem der Zeiger auf eine blaue Fläche zeigt, löst dies eine Detonation in dieser Schicht aus und schon ist man um eine Tonne dieses Materials reicher.

Am lukrativsten, aber auch am kompliziertesten, ist die Sprengung eines kompletten Asteroiden. Entält der Kern aber eines der seltenen (exotisch klingenden) Materialien oder Opal ist das extrem lohnenswert.

Dazu betrachtet man erst grundlegend, wo **Fissuren (Risse) im Asteroiden** vorhanden sind, und legt dann so lange an diesen Rissen Sprengladungen, bis oben rechts dargestellt wird, so dass genügend Sprengkraft erreicht ist.

Selbstverständlich ist das hier Elite Dangerous und nicht irgendeine Weltraumsimulation, deshalb werden nicht einfach Sprengsätze angebracht und die Sache gesprengt. Die Sprengsätze müssen wohldosiert angebracht werden. Bei jedem Riss (Fissur) **muss darauf geachtet werden, welche Stärke (leicht, mittel, stark) der Sprengladung angebracht werden muss.** Durch kürzeres oder längeres Halten der Feuertaste regelt man die Stärke der Sprengung. Angezeigt wird das ganze an der Seite des HUD.

Zu viel Sprengstoff und die edlen Güter werden zerstört, zu wenig und sie werden nicht frei gesprengt.

Die Sprengsätze sind auf 120 Sekunden fest eingestellt, d.h. 120 Sekunden nach dem Anbringen der **ersten** Ladung wird gesprengt. Im »Kontakte« Bereich links im Schiff kann man die Detonation **vorziehen** oder die Sprengladungen **entschärfen.** Letzteres kann Sinn machen, wenn man bei einer der Ladungen eine zu hohe Sprengkraft gewählt hat und/oder die Meldung erscheint, dass die Sprengkraft insgesamt zu hoch ist.

Zwei Faktoren sind bei und nach Sprengungen wichtig: Zum Einen sollte man nicht überrascht sein, wenn das **zu nahe an der Sprengung platzierte Schiff Schaden nimmt,** oder sogar zerstört wird. **Abstand hilft.**

Zum Anderen erzeugt die Sprengung Staub. Viel davon. Dieser behindert die eigene Sicht. Es ist deshalb wirklich ratsam, **auf Nachtsicht zu schalten.** Die dafür zugewiesene Taste erfährst Du im Bereich Optionen > Tastenbelegung.

5.6. Aufsammeln von Fracht im All

Du solltest unbedingt das Tutorial zum Thema Frachtsammeln erfolgreich abschließen.

Sammeln von (legalen und illegalen Gütern), von Rettungskapseln und (später) von Materialien für die Ingenieure ist etwas, das Du zwar später meistens von Drohnen erledigen lassen wirst, aber manchmal hat man eben diese nicht dabei. Wenn man dann nie gelernt hat, dies manuell zu tun, dann ist der Frust umso größer wenn man die wertvolle Fracht, das Missionsziel oder die seltenen Materialien aus Unfähigkeit kaputt gerammt hat, anstatt sie erfolgreich einzusammeln.

(Die Verwendung der Sammeldrohnen ist übrigens sowohl im Abbau-Kapitel als auch im Modulbereich unter Sammeldrohnen näher beschrieben.)

Um Fracht im All aufzusammeln, fährst Du bitte zuerst Deine Waffen und Dein Fahrwerk ein. Beides ist im Weg.

Danach fährst Du Deinen Frachtgreifer aus. (Standard-Taste »Position 1«).

Vorsicht:

Die Taste darunter ist belegt als »Wirf Deine gesamte Fracht ab«, also unbedingt die richtige erwischen!

Falls Die Taste umbelegt wurde oder Du ein HOTAS oder einen Game Controller benutzt, öffne bitte das recht Fenster im Schiff (Standard-Taste »4«), wähle »Schiff« (oberster linker Tab) und nutze die Funktion zum Ausfahren des Frachtgreifers.

Mit ausgefahrenem Frachtgreifer musst Du nun das Objekt der Begierde als Ziel aufschalten. Die Standard-Taste »G« für »Nächstes Ziel« funktioniert bei Fracht leider nicht. Du musst das Objekt in die Mitte der Windschutzscheibe bringen und dann »Ziel voraus« benutzen (Standard-Taste »T«).

Einmal aufgeschaltet siehst Du einen kleinen Extra-Bildschirm im 80er-Jahre-Spielhallen-Stil links vom Radar. Dieser kleine Schirm ist ab jetzt alles was Dich interessieren sollte. Die Frage nach dem Warum ist schnell erklärt: Um Fracht aufzusammeln, musst Du aus der Sicht des Frachtgreifers langsam mit dem Fracht »kollidieren«. Tust Du das aus der Sicht des Cockpits, befindest Du dich einige Meter über Deiner Frachtluke. Die dabei entstehende Parallaxe lässt Dich die Fracht mit Sicherheit verfehlen, denn Du rammst sie gezielt mit dem Cockpit statt sie mit dem Frachtgreifer zu fassen.

Fliege nun also mit einer Geschwindigkeit von 20-40 m/s auf das Zielobjekt zu und halte es im kleinen »80er-Jahre-Bildschirm« zentriert.

Solltest Du das Objekt trotz Deiner enormen Fähigkeiten als Raumpilot verfehlen, dann jage ihr bitte **nicht** hinterher. Halte an (Standard-Taste »X«) geh einige Meter in den Rückwärtsgang (Standard-Taste »S«) und dann starte aus 50-150 Meter Entfernung einen weiteren Versuch.

Bitte bedenke, dass jedes erfolglose Rammen dem Objekt mehr Schaden zufügt als etwas zu warten, bis sich das einmal beschleunigte Objekt wieder etwas beruhigt hat und man es in aller Ruhe aufsammeln kann.

5.7. Reichtum für Ungeduldige

Geld regiert die Welt und gerade erfahrenere Spieler neigen dazu, sich erst mal um ein ordentliches Bankkonto zu kümmern.

Auch oder gerade weil Elite kein klassisches MMO oder Aufbauspiel ist, sollte man jedoch immer im Hinterkopf behalten, dass es kein Endspiel gibt, sondern der Weg das Ziel ist, wie auch immer er verläuft.

Sollte man trotzdem mehr Interesse an großen Schiffen und einem Leben in Opulenz haben, ist der – derzeitige – Ablauf für maximales Einkommen dieser:

Phase 1: Sidewinder (Noch kein Geld verdient)

So ganz ohne Geld und ohne Fähigkeiten in einem winzigen Schiff sind die Möglichkeiten natürlich begrenzt.

Maximales Einkommen in dieser Phase erreicht man durch zwei Optionen:

1.) Man fragt Kommandanten im lokalen System nach Almosen durch das Teilen bereits durchgeführter »Bringe folgende Waren« Missionen für temporäre Gruppen (Wings). Dies funktioniert am Besten in Eravate (Russell Ring oder Cleve Hub), in LTT 15574 – Haxel Port (ca. 15 Lichtjahre von Eravate) oder in Kremainn – Wohler Station (ca. 10 Lichtjahre von Eravate). In diesen Systemen finden sich recht häufig hilfsbereite erfahrene Kommandanten, sprich sie einfach im lokalen Chat in oder nahe der Station an. (Falls keiner antwortet, versuch den Discord Chat der unter Soziales angegeben ist).

2.) Man verdient sich sein Geld mehr oder weniger ehrlich, indem man wie hier im Buch beschrieben mithilfe der Ordnungshüter Kopfgelder verdient. Diese Verdienstmöglichkeit erzeugt genug Einkommen, um innerhalb einer Stunde zu Phase 2 übergehen zu können.

Phase 2: Hauler (ab ca. 1 Million Credits Vermögen)

Hat man die»Erste Million« einmal erarbeitet, kann man zur »forcierten Exploration« übergehen.

- Hauler kaufen
- optionale Module leer räumen
- Sprungantrieb auf »Größte Zahl & Qualität A«
- Alles andere auf »Größte Zahl & Qualität D«
- Fuel Scoop »3B« einbauen

https://www.spansh.co.uk/riches

Dann einfach die oben stehende Webseite aufrufen und sich eine Route erzeugen lassen, in der man mindestens 300.000 Credits (oder für Gierige: 600.000 Credits) pro Ziel »scannen« kann und der Anleitung für den »Weg zum Reichtum« im Explorationsbereich dieses Buches folgen. (Im Anhang sind die ersten 50 Systeme einer solchen Route zu finden. Wer diese »abklappert« macht im schlechtesten Fall 50 Millionen Credits auf diese Art!)

Auf diesem Weg erzielt man 6-10 Millionen Credits pro Stunde Einkommen, was dazu führt, dass man nach maximal 5 Stunden (oder 30 Systemen) zu Phase 3 übergehen kann.

Phase 3: ASP Explorer (ab ca. 30 Millionen Credits Vermögen)

Ab hier beginnt das Top-Einkommen durch das Abbauen von Leerenopalen (Opale. Aus der Leere. Leerenopale. Nein, ich hab das nicht erfunden.)

Je nach Jagdgrund, eingesetztem Schiff und Fähigkeiten im Erkennen der richtigen Asteroiden (üben!) erzielt man hier immenses Einkommen.

Wie man »Deep Core Mining«, also das Abbauen wertvoller Materialien aus den tiefen Kernen von Asteroiden durchführt, ist im Kapitel Bergbau ausführlich beschrieben. Wer kein Glück bei der Auswahl der richtigen Asteroiden hat, dem sei empfohlen mithilfe einer Suchmaschine ein paar Bilder typischer »Elite Dangerous void opal asteroids« zu suchen. Alternativ kann man im unter Soziales angegebenen Discord höflich nach jemandem Fragen, der einem auf einer ersten Tour Hilfestellung gibt. Elite hat eine sehr hilfreiche und freundliche »Gemeinde«.

6. Schiffe – Kauf und Ausstattung

In den nun schon vier Jahren, in denen ich neue »Kommandanten« in Elite Dangerous eingeführt (und teilweise auch länger begleitet) habe wurde ich immer wieder gefragt, was das Wichtigste sei, das ich zum Thema »Schiffe und ihre Ausstattung« zu sagen hätte.

Die Antwort war stets: **»Schiffe sind nur die Basis, die Ausstattung ist alles«**.

Das muss natürlich mit einer Prise Salz genossen werden, ist aber eine ganz wichtige Grundlage: Es gibt exzellente Kampfschiffe auf Basis von Schiffen, die im besten Falle »Allrounder« sind: Asp Explorer, Python, Krait Mk II, Anaconda. Man sollte sich aber darüber im Klaren sein, dass viele der Möglichkeiten in Elite Dangerous erst durch die Verwendung der Engineers im Horizons Paket möglich werden.

Trotzdem bieten sich auch ohne Horizons und Engineers viele Möglichkeiten Schiffe zu individualisieren. Auch ohne Engineer Leistungssteigerungen sind Elite's Schiffe sehr wohl dazu in der Lage, es auch mit den stärksten Computergegnern aufzunehmen.

6.1. Schiffe kaufen, aber richtig

Bevor man ein neues Schiff kauft, sollte man eine ungefähre Vorstellung davon haben, was dieses Schiff für einen tun soll.

Dafür sollte man unbedingt einen Schiffskonfigurator wie coriolis.io (CORIOLIS.IO) verwenden, denn hier sieht man auf einen Blick, was die geplante Konfiguration des Schiffes kann. Ohne einen solchen Konfigurator kann man sich zwar an den Daten im Ausstattungsbereich orientieren, dies ist aber fehlerbehaftet und aufwändiger.

Was man nicht oft genug betonen kann ist der **5%ige Selbstbehalt** bei Verlust des Schiffes der natürlich weit mehr ins Gewicht fällt wenn ein Schiff 300 Millionen statt 15 Millionen gekostet hat.

Einige Stationen oder sogar ganze Systeme bieten Besonderheiten zum Schiffskauf:

Das Einkaufsparadies« Jameson Orbital im System Shinrarta Dezhra (hier gibt es die volle Verfügbarkeit: alle Schiffe, alle Module und das obendrein zu einem um 5% ermäßigten Preis) ist leider nur mit einem Elite Rang in Erkundung, Handel oder Kampf erreichbar. Mit niedrigeren Rängen ist einem der Zugang zum System nicht gestattet.

Ein weiteres »Hier gibts alles« Shopping Center ist die Bodenstation I Sola Prospect im System Brestla. Horizons Besitzer können hier ebenso wie in Shinrarta Dezhra auf Alles-Verfügbar zählen, allerdings im Gegensatz zu Shinrarta mit einem Preisaufschlag von 20%.

Es gibt noch weitere Stationen mit Preisnachlass auf vereinzelte Schiffe oder Module, das interessanteste Angebot ist aber das von Li-Yong Rui. Dieser »Powerplay« Charakter hält zwar überwiegend keine breitere Auswahl an Schiffen bereit als andere, diese sind aber – ebenso wie Module – generell mit 15% Preisnachlass versehen!

Um in den Genuss dieser Vergünstigung zu kommen, muss man gezielt nach einem von Li-Yong Rui kontrollierten (dieser Status ist wichtig) System suchen. Dazu benutzt man am besten eddb.io / EDDB.IO bzw. dessen Stationsdatenbank. Einfach den eigenen Standort eingeben, dazu »control« und »Li-Yong Rui«.

6.2. Module

Module sind der eine Faktor, der aus einem Schiff etwas besonderes macht.

Viel zu viele »Kommandanten« wählen Module nach der Option »mehr Geld = mehr Leistung« oder nach der Aussicht auf »mehr Schaden« oder »mehr Defensive«. **So einfach ist das aber nicht.**

Generell gilt bei Modulen, dass sie nach Größe und Qualität benannt werden, nicht nach Größe und »Besser« oder »Schlechter«.

Bei regulären Modulen (also nicht-Utility-Modulen) ist die Größe in einer Zahl von 1 bis 8 angegeben. Je größer die Zahl, desto größer das Modul.

Generell sollte man immer das größte Modul verwenden, das noch in den vorhandenen Schacht passt. Das ist umso wichtiger bei Masse-relevanten Modulen wie zum Beispiel beim Sprungantrieb. Hat ein Schiff hier beispielsweise einen maximal »4« großen Schacht, dann kann der Wechsel von einem Klasse »4A« Antrieb auf einen »3A« Antrieb die verfügbare Sprungweite mal schnell von 25 Lichtjahren auf 6 Lichtjahre reduzieren. So landet man unter Umständen ungewollt in einen Bereich, in dem eine sinnvolle Verwendung ausgeschlossen ist.

Die Qualitäten der Module werden in Buchstaben von »A« bis »E« beschrieben, wobei E die billigste Variante, A die teuerste Variante ist. Zwar besitzt A ausnahmslos die beste Leistung, das kostet aber neben Kapital auch Energie aus dem Kraftwerk (und manchmal auch aus dem Kraftverteiler). Außerdem kann Variante A auch einiges Mehr an Gewicht bedeuten, ein sehr wichtiger Faktor!

Die »Namen« die ich im Folgenden angebe sind eine Gedächtnisstütze für Euch, die es Euch erleichtern soll, auf den ersten Blick immer zu wissen, welche Haupt-Eigenschaften die Module haben. Dass dabei ab und an englische Begriffe praktischer sind sei mir vergeben, so viel Englisch kann aber wohl jeder, auch wenn er oder sie Elite auf Deutsch spielt.

E – »Economy« – Standardausstattung der Schiffe beim Kauf

- Geringste Kosten
- Schwächste Leistung
- Mittleres bis Hohes Gewicht
- Geringer Energieverbrauch

→ **BITTE NICHT VERWENDEN!**

D – »Diät« – Sehr leichte Module

- Günstige Kosten
- Genug Leistung für viele Zwecke
- Sehr leichtes Gewicht
- Immer noch geringer Energieverbrauch, marginal mehr als »E«

→ **OFT VERWENDEN**

C – »Compromiss« – Die goldene Mitte in allem

- Moderate Kosten
- Moderate Leistung
- Moderates Gewicht
- Moderater Energieverbrauch

→   **VERWENDEN wenn D zu schwach oder man A braucht, aber das Geld fehlt**

B – »Bullshit«

- Im Schnitt 1/3 der Kosten von »A«
- Mehr Leistung als »C«
- Maximales Gewicht
- Hoher Energieverbrauch

→ **NIEMALS GAR NIE NICHT NIEMALS NIE NIE NIE VERWENDEN**

(»B« in Modulen kann die Gesamtleistung des Schiffs massiv verschlechtern – Gewicht!)

A – »A-Ware« – Top Performance aber nicht ohne Gegenleistung

- Teuerste Modulqualität
- Beste Performance
- Gewicht etwa wie »C«
- Höchster Energieverbrauch in Kraftwerk und Kraftverteiler

→ **VERWENDEN für alles das man besonders dringend benötigt**

Die im Folgenden erklärten drei Modulkategorien unterscheiden sich teilweise deutlich voneinander. Selbstredend in der Möglichkeit der Auswahl, aber auch in anderen wichtigen Bedingungen und Einschränkungen.

Die Unterteilung der Modularten nach **Pflichtmodulen** und **optionalen Modulen** gibt einem schon eine ungefähre Vorstellung davon, was essentiell wichtig ist und was nicht. Hinzu kommen die nicht weniger wichtigen Werkzeug-Steckplätze.

Nutzt man diese Möglichkeiten dann aus, kann man beispielsweise **maximale Agilität durch extreme Gewichtseinsparung** erreichen. Das lässt sich auf die Spitze treiben, wenn man mithilfe des Horizons Pakets die Ingenieure dazu benutzt, Schiffe mit über 800 m/s Geschwindigkeit zu bauen, die tatsächlich auch noch kampftauglich sind.

Andere Beispiele sind Schiffe mit enorm geringer Hitzeentwicklung, die für längere Zeit auf Schleichfahrt unterwegs sein können, während Schubdüsen und Waffen voll tauglich sind, hochgerüstet in ihrer Hüllenstärke auf ein Ausmaß, das beispielsweise die Stabilität einer Cobra Mk3 auf das 15-20fache des Normalen steigert. Und das alles nur durch etwas Ingenieursarbeit und »schlaue« Änderungen an der Ausstattung.

6.2.1. INTERNE Module / Pflichtmodule

Die internen Module sind die am wenigsten frei konfigurierbaren Schiffsmodule.

Ihr Größe ist meist vorgegeben. Neben der maximalen Größe, die den tatsächlichen Ausdehnungen des Modulschachts entspricht, sind je nach Modul und Schiff noch ein bis zwei Nummern »kleiner« möglich. Im Gegensatz zu den optionalen Modulen ist es aber weder möglich ein internes Modul weg zu lassen, noch dieses in beliebiger Größe zu wählen.

Ihre Qualitäten unterscheiden sich nicht von denen anderer Module wie z.B. denen im optionalen Bereich. Die Einteilung nach Kapitel 6.2. »Module« ist hier ohne Einschränkungen anzuwenden.

Die folgende Liste ist nicht nach Wichtigkeit der Module angeordnet, sondern folgt deren Auflistung im Bereich Ausstattung beim Docken an Stationen.

6.2.1.1. Legierungen

Dieses Modul ist eine der Möglichkeiten zur Steigerung der Hüllenstärke und ihrer Widerstandsfähigkeit gegen bestimmte Schadensarten. Der grundlegende Wert bezeichnet den Schutz gegen »rohe« Gewalteinwirkung, wie zum Beispiel beim Gerammt werden oder beim Aufprall auf Objekte. Auch Waffen wie der Plasmabeschleuniger und die Schienenkanone sind vorwiegend auf »rohe« Gewalt ausgerichtet.

Wenn man »nur« etwas mehr Sicherheit gewinnen will, indem man die Hülle etwas verstärkt, sollte man sich unbedingt die Frage stellen, ob man dies wirklich durch Legierungen erreichen will.

Nicht nur sind Legierungen extrem teuer – eine mittelpreisige »Militär Komposit« Hüllenverstärkung für eine Cobra Mk3 kostet bereits ca. 900.000 Credits – für 204 MJ (MegaJoule) »rohe« Verstärkung – sie sind mit 27 (!) Tonnen zusätzlichem Gewicht auch noch ein echter Killer für die Wendigkeit und die Sprungreichweite: die meisten Cobras tragen nicht mal 27 Tonnen Gewicht an Fracht im regulären Betrieb.

Nimmt man exemplarisch diese 204 MJ als Vergleichswert, um den die Hüllenfestigkeit steigen soll, bietet sich ein Vergleich mit einer einfachen Rumpfhüllenverstärkung als optionales Modul an:

In der Klasse 2D erhält man hier für 36.000 Credits (ca. 4 Prozent des Preises) fast gleich viel Verstärkung im Rahmen von 190 MJ (ca. 93 Prozent der Wirkung) und das ganze bei einem Gewicht von nur 2 Tonnen (ca. 7,5 Prozent).

Hat man also einen (wirklich kleinen) 2er Slot im optionalen Bereich zur Verfügung, **spart man 850.000 Credits oder mehr und 25 Tonnen Gewicht.** Dieses Mehrgewicht entspricht übrigens rund 10% (!) des Gesamtgewichts einer Cobra Mk III. Wie sich das wohl auf die Flugeigenschaften auswirkt?

Den meisten Schiffen reichen 1-2 kleinere Rumpfhüllenverstärkungen im optionalen Bereich. Größere Mengen an »Rumpf Reserve« sind nur üblich, wenn man spezielle Schiffsarten ausstatten will, beispielsweise »Schleichfahrt« Schiffe, oder wenn man auf Thargoidenjagd geht. Beides ist viel zu komplex, um es im Anfängerbereich ausgiebig zu beschreiben, deshalb hier in Kürze:

Legierungen:

<u>Leichte Legierungen</u>
- Wenig Schutz
- Keine Zusatzkosten
- Kein Zusatzgewicht
→ **Empfehlenswert für viel Sprungreichweite und viel Agilität im Kampf**

<u>Verstärkte Legierungen</u>
- Rund 50% mehr Schutz
- Geringe Zusatzkosten
- Geringes Zusatzgewicht
→ **Empfehlenswert wenn die Sprungreichweite und Agilität zweitrangig sind**

Militär-Komposit Legierungen

- Rund 100% mehr Schutz
- Hohe Zusatzkosten
- Hohes Zusatzgewicht

→ **Generell nicht empfehlenswert**

Leichte Legierungen, Verstärkte Legierungen und Militär-Komposit-Legierungen bieten einen als normal gewichteten Schutz gegen die verschiedenen Schadensarten.

Ihr »roher« Verteidigungswert ist gegen thermischen Waffen (Laser) ohne Abzug gültig, sie sind etwas schwächer als der versprochene »rohe« Verteidigungswert gegen kinetische Waffen (Kanonen aller Art, ca. 10-15% Abzug) und verlieren etwas mehr gegenüber explosiven Waffen (Raketen, Torpedos, ca. 25-30% Abzug).

Hat man also schon im Vorfeld Kenntnis davon, dass man einer bestimmten Waffengattung im Kampf gegenüber stehen wird, kann es sinnvoll sein eine der zwei spezialisierten Legierungsarten zu wählen. Für den Alltagsgebrauch besteht hierfür weder die Notwendigkeit noch ein echter Sinn, da man durch die Spezialisierung auch Nachteile zu erwarten hat.

<u>Gespiegelte-Oberfläche-Komposit Legierungen</u>
- Rund 100% mehr Schutz im »rohen« Verteidigungswert (analog »Militär-Komposit«)
- Extrem teuer (mehr als doppelt so teuer wie »Militär-Komposit«)
- Hohes Zusatzgewicht (in etwa analog zu »Militär-Komposit«)

→ **Nur Anwenden bei Bedarf an erhöhtem Schutz gegen thermische Waffen**

Die gegen thermische Waffen optimierte, gespiegelte Ausführung bietet ca. 80% mehr Schutz gegen Angriffe mit Lasern, aber nur etwa 50% Schutz des »Militär-Komposit« gegen kinetische Waffen bei etwa gleichbleibendem Schutz gegen explosive Waffen.

Man muss sich also wirklich sicher sein, dass man gegen einen Gegner ohne kinetische Waffen antritt, sonst ist der teuer bezahlte Vorteil schnell ein Nachteil!

<u>Reaktive-Oberfläche-Komposit Legierungen</u>
- Rund 100% mehr Schutz im »rohen« Verteidigungswert (analog »Militär-Komposit«)
- Extrem teuer (noch teurer als gespiegelte Legierungen!)
- Hohes Zusatzgewicht (analog »Militär-Komposit«)

→ **Nur Anwenden bei Bedarf an erhöhtem Schutz gegen explosive und kinetische Waffen**

Die gegen explosive und kinetische Waffen optimierte, reaktive Ausführung bietet mehr Schutz gegen kinetische Waffen (ca. 50%) und gegen explosive Waffen (ca. 45%) aber auch etwas weniger Schutz gegen Laser (ca. 25%).

Wenn es denn etwas Besonderes sein soll und die Nachteile wie Kosten und Gewicht (und Abzug in Teilbereichen) nicht ins Gewicht fallen, ist die reaktive Oberfläche der gespiegelten Oberfläche vorzuziehen, vor allem bei schnelleren Schiffen.

Der Hintergrund ist die sehr geringe Reichweite von Lasern, die bereits nach **500m Distanz** zusehends an Wirkung verlieren und bei Distanzen größer 1500m eigentlich nur noch hübsch anzusehen sind. Eine Schutzwirkung vor allem gegen kinetische und explosive Waffen mit teilweise deutlich größerer Reichweite ist also generell die bessere Wahl. **Wenn man denn mit den Kosten und dem Gewicht leben will.**

6.2.2. Kraftwerk

Das Kraftwerk ist – wen wundert es – eines der wichtigsten Teile eines Schiffs. Nicht nur muss es genügend Energie bereitstellen, damit alle benötigten Systeme versorgt werden, es trägt auch noch enorm zum Hitzehaushalt des Schiffs bei.

Unmodifizierte kleinere Schiffe mit energiesparenden und »kühlen« Waffen wie Multi-Geschützen und (kleinen) Salven- oder Impulslasern kommen im normalen Betrieb was die erzeugte und abzuführende Hitzemenge angeht nicht in Schwierigkeiten.

Trotzdem ist auch im Einsatz als Erkundungs- oder Frachtschiff **die erzeugte Hitzemenge des Kraftwerks von Bedeutung.** Sei es beim Nachtanken an Hauptsternen oder – falls mal was schief geht – bei der Flucht aus dessen Umfeld.

Wichtig bei Kraftwerken ist demnach nicht nur, dass es insgesamt genug Strom liefert (bitte im Modulbereich rechts im Schiff (Standard-Taste: »4«) nachprüfen) **sondern auch, dass man möglichst ein kühles Kraftwerk wählt.**

Die Auswahl des richtigen Kraftwerks geschieht dann auch nach diesen Kriterien: Zuerst wählt man das Kraftwerk, das einem die nötige Energiemenge liefert. Dann prüft man, ob man ein möglichst kleines (Zahl) Kraftwerk mit der Qualität »A« installieren kann. »A« ist zwar das Teuerste, aber nicht schwerer als »C« und vor allem: **Das Kühlste.**

Beispiel:
Eine Cobra Mk3 hat einen Energiebedarf von knapp unter 12 MW (Megawatt) und bietet einen 4er Modulschacht für das Kraftwerk an. Das passende Kraftwerk in Größe 4 wäre ein »4C« - es bietet 13 MW an Energie, wiegt 5 Tonnen, kostet rund 160.000 Credits und besitzt eine Effizienz von 0,50.

Hat man nun etwas Geld zur Verfügung und schaut sich weiter um, kann man stattdessen ein »3A« Kraftwerk wählen – eine Nummer kleiner und mit »A« Einstufung. **Dieses kostet zwar mit 480.000 Credits rund 3 mal soviel, ist aber 2,5 Tonnen leichter und besitzt eine Effizienz von 0,40**

Die etwas geringere Integrität durch die geringere Größe stellt, mit Ausnahme von sehr sehr langen Erkundungstrips (100.000 Lichtjahre und mehr!) keinen nennenswerten Faktor dar.

Im realen Betrieb wird ein Anfänger die 2,5 Tonnen Gewichtsunterschied wohl ebenso wenig bemerken wie die um rund 0,2 Lichtjahre gestiegene Einzelsprungreichweite, wohl aber den Temperaturunterschied.

Tankt man an einem Stern auf, wird vom Kraftwerk generell pro erzeugtem MW 20% weniger Hitze erzeugt. Das macht sich in **deutlich niedrigeren Temperaturen** bemerkbar und es einem erlaubt, näher an den Stern zu fliegen. Die geringere Distanz zum Stern geht mit **erhöhter Auftankgeschwindigkeit einher. Der Auftankvorgang wird schneller und entspannter.**

Generell sind »A« Kraftwerke das Mittel der Wahl, bitte verwende nur »C« oder »D« wenn ein kleineres »A« keine Alternative darstellt. Und bitte, bitte, bitte (sagte ich schon bitte?) **lass die Finger von »B« Kraftwerken (B = »Bullshit, remember?)! Damit** hätten wir nämlich bei unserem Cobra MK 3 Beispiel dann 8 Tonnen statt 2,5 Tonnen Gewicht durch das Kraftwerk. Und die sind spürbar.

6.2.3. Schubdüsen

Schubdüsen sind nicht nur im Kampfeinsatz von Bedeutung. Unterdimensioniert sind sie im normalen Geschwindigkeitsbereich eine Qual und können die Sicherheit beeinträchtigen. Der »Bremsweg«, das Reduzieren der Geschwindigkeit im Anflug und die gesamte Agilität wird genauso beeinträchtigt wie die Optionen, sich vor einem Kampf »zu drücken«.

Beispiel: Eine mit »4A« maximal ausgestattete Cobra Mk 3 hat eine Höchstgeschwindigkeit von 440 m/s und mehr (je nach Gewicht). Sie hat dabei eine Drehrate von bis zu 45 Grad »Nase hoch« pro Sekunde. Eine mit »4E«-Standard ausgestattete Cobra Mk3 lahmt geradezu: Maximal 400 m/s bei leichtestem Gewicht (meist 380 m/s oder sogar weniger) – und eine Drehrate von maximal 40 Grad (meist deutlich weniger) sind die Folge.

Das ist nicht nur spürbar, das ist entscheidend! Und das sowohl für die Frage nach dem Überleben wenn's brenzlig wird, als auch im alltäglichen Flugbetrieb. Man will ja schließlich auch ein bisschen Spaß an der Bewegung haben.

Bei größeren Frachtern wird die Wahl kleiner Schubdüsen übrigens zur echten Qual: Mangels Kontrolle über die eigene Masse fliegt das Schiff beim Docken überall hin, nur nicht da hin wo es soll. Keine Gute Wahl, an den Schubdüsen zu sparen.

Bei der Auswahl sollte man auf jeden Fall immer die größte im Schiff einbaubare Größe verwenden. Für manche »Kannadanten« kann es durchaus Sinn machen mal kleinere Schubdüsen zu verwenden. Vor allem, wenn sie nicht vor haben mit dem Horizons Paket auf Planeten zu landen (Stichwort planetare Anziehungskraft). Dabei sollte der Schiffsbauer wissen, warum er das tut und was es für Folgen hat. Für Anfänger ist der Versuch nur frusterzeugend.

Wie oben beschrieben ist »A« das Mittel der Wahl, niemals »B« (Gewicht!). Wer für »A« nicht die finanziellen Mittel oder das entsprechende Kraftwerk hat, der wählt »C« für etwas mehr Leistung als »D« - oder letzteres für das geringste Gewicht.

6.2.1.4. Frameshiftantrieb »FSA«

Der Frameshiftantrieb ist für das Reisen im Supercruise und das Springen in andere Systeme zuständig.

Die Größe und die Qualität des FSA machen keinen Unterschied beim Verhalten im Supercruise, sehr wohl aber beim Springen in andere Systeme: **Hier unterscheiden sich die Antriebe gewaltig in der erreichbaren Sprungreichweite.**

Der FSA sollte immer und ausnahmslos in der größten Klasse (Nummer) die möglich ist verwendet werden. Kleinere Klassen sind in der Regel nicht ausreichend, um auch nur das aktuelle System zu verlassen, geschweige denn weiter zu reisen.

Die Qualität des FSA bestimmt neben der Reichweite auch die Hitzeentwicklung beim Laden für einen Sprung. »E« Qualitäten können bei sonst brauchbarem Design einem Schiff bei jedem Sprung Schaden durch Überhitzung zufügen. Deshalb sollten FSA Antriebe nicht unter »D« verwendet werden.

Tipp:
Beim Springen von System zu System sollte der Sprungantrieb erst aktiviert werden, wenn der Treibstoffsammler sich wieder eingefahren hat. Nur dann ist sichergestellt, dass die sich gegenseitig verstärkenden Hitzequellen von Treibstoffsammler (bzw. dessen Nähe zum Hauptstern) und vom Sprungantrieb sich nicht zu einem echten Problem für das Schiff ansammeln.

6.2.1.5. Lebenserhaltung

Die Lebenserhaltung ist ausschließlich in der Qualität wählbar, die Größe ist vorgegeben.

Die Qualität unterscheidet sich nur in der Dauer, die die Lebenserwartung im Falle eines Versagens der Cockpitverglasung Sauerstoff bereit hält.

Im »zivilisierten« Teil der Galaxie ist es nicht nötig mehr Lebenserhaltung als »D« vorzuhalten. Im Falle eines Versagens der Cockpitverglasung bleibt mehr als genug Zeit die nächste Station anzufliegen. Als Erkunder in fernen Systemen hingegen ist selbst ein »A« Modul nicht ausreichend, um eine sichere Rückkehr zu ermöglichen, somit ist »D« als die leichteste Möglichkeit in Sachen Gewicht zumeist auch die sinnvollste.

Nur wenn Energie extrem knapp ist, ist bei der Lebenserhaltung auch mal ein »E« angebracht. Dieses ist zwar zeitlich schon etwas knapp bemessen, falls die Kanzel versagt, aber eben das Quäntchen genügsam im Stromverbrauch.

Ein Sonderfall sei noch erwähnt: Vermeintlich widersprüchlich, aber bei reiflicher Überlegung doch schlüssig: Bei Abschalten der (regulären) Lebenserhaltung wird auch kein Strom mehr für diese benötigt. Geht man nun mal nicht vom Ausfall der Cockpitverglasung aus, sondern vom mutwilligen Abschalten der Lebensversorgung, wird auch deren Strom nicht mehr benötigt. Dies verringert die Hitze, die das Kraftwerk abgibt und verlängert somit die »kalte« Phase bei Schleichfahrt. Der Bonus ist nur marginal, es gibt aber trotzdem »Kommandanten« die allen Ernstes in Schleichfahrt-Schiffen vor dem Kampf die Lebenserhaltung abstellen um dann im Countdown Timer der verbleibenden Zeit im Raumanzug zu kämpfen. Wer's mag…

6.2.1.6. Sensoren

Sensoren sind nur in der Qualität austauschbar, die Größe ist vorgegeben. Die Qualität gibt hierbei vor allem die Reichweite der Sensoren vor.

Für »normale« Einsatzzwecke in PvE (und meist auch PvP) ist die Qualität »D« mit dem geringsten Gewicht und nur etwas mehr Stromverbrauch als der Standard »E« meist vorzuziehen.

Jede Stufe über »D« bringt eine enorme Menge an Stromverbrauch und Gewicht mit sich, so dass größere Sensoren eigentlich nur verwendet werden sollen, wenn das Horizons Paket zur Verfügung steht und man mithilfe der Ingenieure das Gewicht des Moduls senken kann.

6.2.1.7. Treibstofftank

Der Treibstofftank kann bei den meisten Schiffen nur geringfügig angepasst werden, meist sind eine oder zwei Größenklassen kleiner im Programm, was jedes Mal die Treibstoffmenge halbiert.

Den Treibstofftank zu verringern macht eigentlich nur bei Allzweckschiffen Sinn, die als Kampfschiff ausgerüstet werden. Allzweckschiffe haben meist mehr Reichweite als man im (meist lokalen) Kampfgebiet benötigt.

Keinesfalls sollte man bei Kampfschiffen die Tankgröße verringern, diese sind meistens schon sehr knapp kalkuliert und gerade so ausreichend, um ins Kampfgebiet und wieder zurück zu kommen.

6.2.2. Optionale Module

Der Bereich »Optional« der Module ist völlig frei wählbar. Selbstverständlich ist es selten ratsam, hier alle Modulschächte frei zu lassen und auch bestimmte Modulkombinationen machen keinen wirklichen Sinn, aber die Freiheit beispielsweise ein Schiff ganz ohne Schildgenerator oder ein Schiff mit großen Treibstofftanks zu bauen, kann wirklich zielführend sein.

Generell nutzt man bei den optionalen Modulen die größeren Slots für die wichtigeren Module. Bei einem Frachter beispielsweise für Frachtgestelle, bei einem Kampfschiff für Schilde. Von dieser Regel weicht man aber auch manchmal ab, beispielsweise wenn ein kleineres Schild genug Leistung für den zu erwartenden Gegner hat, man aber insgesamt mehr Schildkapazität in Reserve vorhalten möchte: Dann ergänzt unter Umständen eine extra große Schildzellenbank den etwas kleineren Schildgenerator.
Wichtig bei den optionalen Modulen ist unter anderem darauf zu achten, dass man nicht sinnlos Gewicht »bunkert«. Schnell hat man im Überschwang hier mal 2 oder 3 große Hüllenverstärkungen oder einen Zusatztank eingebaut, die einem hinterher den Spaß im Kampf vermiesen oder die Sprungweite unnötig reduzieren.

6.2.2.1. AFW - Automatische Feldwartung

Die Feldwartung ist ein Hilfsmittel, das leider viel zu oft in Kampfschiffen gefunden wird. Zwar bietet es auch hier die Möglichkeit einzelne Module ohne an einer Station anzudocken zu reparieren, dies ist bei Kampfschiffen im Kampf aber nicht möglich und nach dem Kampf ist man meist sowieso erst mal an der Station.

Für Kampfschiffe macht die AFW also nur Sinn, wenn der Kommandant ein »Langstreckenkämpfer« ist: Wer stundenlang mit Schiffen ohne Munitionsbedarf und Bedarf an neuen Schildzellen in Kampfzonen oder Abbaugebieten verbringt, der mag an einer kleinen AFW seine Freude haben. Generell gilt aber: Wer Modulschaden im Kampf gegen Computercharaktere erleidet, sollte die Bedingungen zu seinen Gunsten ändern, denn Modulschaden im Kampf ist »der letzte Schritt vor dem Untergang« (vor allem wenn er sich selbst durch Überhitzung zugefügt wurde)!

Für Entdecker stellt sich die Sache anders dar: Hier ist die AFW ein unverzichtbarer Bestandteil der Ausrüstung auf längeren Strecken, da schon alleine durch die Dauer der Reise Abnutzung der Module unvermeidbar ist.

Die Modulqualitäten und Größen unterscheiden sich vor allem in der Munitionszahl. Gewicht besitzt die AFW magischerweise keines.

Wichtig beim Einsatz der AFW sind drei Dinge

1.) Die AFW kann keine Kraftwerke reparieren, diese sollten also immer in »A« Ausführung für beste Integrität gewählt werden. In der Theorie haben »B« Kraftwerke zwar noch einige wenige Prozent mehr Integrität vorzuweisen, dies aber mit einem so kräftigen Gewichtszuschlag, dass die meisten Erkunder dankend ablehnen.

2.) Die AFW kann keine Hülle reparieren, für diesen Zweck kann man Reparaturdrohnen mitführen die, wenn sie ohne Ziel ausgeschickt werden, das eigene Schiff reparieren. Module sind mit Reparaturdrohnen nicht zu reparieren, wohl aber eine beschädigte (nicht: zerstörte) Pilotenkanzel.

3.) Die AFW sollte nicht im Supercruise auf die Schubdüsen verwendet werden. Ach, das war klar? Wetten, Du hättest es irgendwann probiert?

Tipp:
Falls die AFW auf 0% Integrität zurück fällt und nicht mehr verwendet werden kann: Schiff neu starten/reparieren in der rechten Cockpitansicht. Nach 1-3 Versuchen erhält das Modul wieder mehr als 0% und kann nochmal zur Reparatur anderer Module verwendet werden. Wem das zu wenig ist, der versucht in der Schiffskonfiguration **statt einer großen AFW zwei kleine** unterzubringen. Diese können sich gegebenenfalls gegenseitig reparieren.

Die AFW muss zur Benutzung keiner Feuertaste zugewiesen werden. Man öffnet einfach den Modulbildschirm rechts im Schiff (Standard: Taste »4«) und wählt dann beim jeweiligen Modul die Reparatur an. Kontrollieren nicht vergessen: Das Modul muss nach der Reparatur auf »AN« stehen, sonst gibt's böse Überraschungen.

6.2.2.2. Abbaudrohnen

Abbaudrohnen – eigentlich die dafür notwendige Bedieneinheit – werden bzw. wird dazu verwendet, von Asteroiden abgesprengte Fragmente oder anderes Treibgut einzusammeln.

Abbaudrohnenbediengeräte(sic!) gibt es in den verschiedensten Größen (Zahl!), die sich in erster Linie durch die Anzahl der gleichzeitig aktiven Drohnen unterscheiden. Die Qualität (Buchstaben: A - E) beschreibt in erster Linie die Lebensdauer, aber auch (vor allem in Qualität »B«) eine andere Reichweite. So hat »A« insgesamt die besten Eigenschaften in Bezug auf die Lebensdauer, »B« allerdings eine etwas höhere Reichweite.

Die Bedienung ist sehr durchdacht: Nach dem Hinzufügen des Bediengeräts (im Spiel »Abbaudrohne« genannt, im Gegensatz zu den eigentlichen Drohnen, die sinnigerweise in der deutschen Übersetzung »Controller« genannt werden) kann man eine Drohne gezielt zum Einsammeln eines einzelnen Objekts starten. Dazu zielt man auf ein Objekt und startet dann die Drohne. Das Objekt wird eingesammelt (so denn auch die Frachtluke geöffnet wurde!) und die Drohne setzt sich außer Betrieb.

Zielt man auf nichts und startet eine Drohne, fängt diese an bis zum Ende ihrer Lebensdauer alles einzusammeln was »herumfliegt«. Dieser Modus sparsamer und daher gebräuchlicher.

Beim Aussetzen aller Drohnenarten sollte man beachten, dass ihre Geschwindigkeit begrenzt ist. Das eigene Schiff sollte unter 200m/s schnell sein um einen Zusammenstoß zu verhindern.

6.2.2.3. Aufklärungsdrohnen

Aufklärungsdrohnen – eigentlich die dafür notwendige Bedieneinheit – werden bzw. wird dazu verwendet, die Zusammensetzung von Asteroiden zu erforschen.

Feuert man mithilfe der zuvor einer Feuertaste zugewiesenen Bedieneinheit eine Aufklärungsdrohne auf einen Asteroiden ab, geht diese ungelenkt auf die Reise. Einmal angekommen, kann man die Drohne als Ziel aufschalten und erfährt im Blick voraus im linken kleinen Info Fenster alle Informationen zur Zusammensetzung, inklusive eines möglicherweise vorhandenen wertvollen Kerns.

Aufklärungsdrohnenbedieneinheiten (ehrlich!) gibt es in Größenklasse 1 (jeweils eine aktive Drohne) und Größenklasse 3 (jeweils zwei aktive Drohnen). Größenklasse 3 macht nur Sinn, wenn man im Umgang mit diesen Drohnen geübt ist, da immer nur eine manuell als Ziel (und damit als Informationserzeuger) aufschaltbar ist.

Die Qualitäten (Buchstaben von A - E) beschreiben neben der Reichweite auch die Lebensdauer der Drohnen. Man verwendet im Normalfall »A« Module, aber auch »B« Module können im Einzelfall sinnvoll sein: Vergleiche einfach die Daten und wähle nach Deinem Einsatzgebiet.

Aufklärungsdrohnenbedieneinheiten (schon wieder!) benötigen Drohnen werden in der deutschen Übersetzung fälschlicherweise als »Drohnensteuerung« beschrieben und zu finden unter dem Stationsmenüpunkt »Erweiterte Wartung« und dann »Auffüllen«.

Das Auffinden des »Auffüllen« Menüpunkts ist schon reichlich unglücklich gelöst, aber in der deutschen Übersetzung die Bedieneinheit als Aufklärungsdrohne zu bezeichnen und dann die »Munition« als »Drohnensteuerung«, das ist ein riesen Fehler. Leider ist Frontier Development nach unzähligen Beschwerden in mehr als drei Jahren irgendwie nicht dazu in der Lage, hier Anpassungen vorzunehmen.

Beim Aussetzen aller Drohnenarten sollte man beachten, dass ihre Geschwindigkeit begrenzt ist. Das eigene Schiff sollte unter 200m/s schnell sein um einen Zusammenstoß zu verhindern.

6.2.2.4. Dekontaminationsdrohnen

Spezielle Drohnenart ohne große Relevanz für Nicht-Thargoiden-Jäger. Mit Dekontaminationsdrohnen wird die Außenhaut eines Schiffs von Alien Artefakten (Schleim!) befreit, die die Hülle beschädigen.

Die Thargoidenjagd ist zu umfangreich um im Anfängerbuch darauf einzugehen. Bald gibt's dazu mehr in einem weiteren Band.

6.2.2.5. FSA-Unterbrecher (Frameshiftdrive Unterbrecher)

Um andere Schiffe aus dem Supercruise in den normalen Geschwindigkeitsbereich zu ziehen, sei es zum Kampf, zum (etwas rabiat) »Hallo« sagen, oder um einen Kontakt zu treffen, verwendet man einen FSA-Unterbrecher.

Dieses Modul ist wie die anderen auch in unterschiedlichen Größen und Qualitäten zu erwerben. Sie unterscheiden sich in Reichweite und dem Winkel zum Ziel der noch als gültig betrachtet wird.

Ein FSA-Unterbrecher höherer Klasse (Zahl) wird also sowohl **weiter entferntere Ziele** als ein FSA-Unterbrecher kleinerer Klasse erreichen können als auch in einem breiteren Winkel arbeiten. Ebenso wird auch ein FSA-Unterbrecherer **teurerer Qualität (z.B. »A«) leistungsfähiger** als einer der Qualität »E« sein.

Alle Märchen, dass größere FSA-Unterbrecher ein besseres Abfangergebnis oder geringere Schäden am Schiff oder besseren Kaffee oder bessere Verdauung liefern kannst Du getrost vergessen. Unterbrecher ist Unterbrecher ist Unterbrecher.

Wichtig bei der Bedienung des FSA-Unterbrechers ist, dass er nicht auf eine feste Entfernung als maximale Reichweite definiert ist, sondern in zeitlicher Hinsicht. In der Praxis heisst das: Bist Du schneller als Dein »Opfer«, verschafft Dir das einen Vorteil selbst wenn Du auf größere Entfernung jagst. Hast Du also vor, Schiffe aus dem Supercruise zu ziehen, dann flieg erst ein wenig von den Planeten weg und hol Fahrt auf. Verfolgst Du einen Gegner aus der Anziehungskraft eines Planeten heraus wirst Du vermutlich an Altersschwäche sterben bevor Dein Unterbrecher anzeigt, dass Dein Gegner in Reichweite ist, selbst wenn er direkt vor Dir ist. Bedingt durch seine Position ist er nämlich immer ein wenig schneller als Du...

Du bist im Supercruise umso beweglicher, je besser Du Deine Geschwindigkeit anpasst. Ideal sind ca. **40% der maximal erreichbaren Geschwindigkeit,** dargestellt durch die Punkte am Schubhebel. Platziere den Schub auf ca. 40% der maximalen Geschwindigkeit wenn Du manövrieren musst, um in »Unterbrecherposition« hinter Dein »Opfer« zu kommen.

6.2.2.6. Erzsucher Drohnen

Diese Drohnen werden verwendet, um die genaue Zusammensetzung eines Asteroiden zu erfahren. Im »tiefen Bergbau« stellen diese Drohnen auch die Platzierung der Risse im Asteroiden dar. Diese Risse sind wichtig für die Platzierung der Sprengladungen die der seismische Ladewerfer erzeugt.

6.2.2.7. Frachtgestelle

Sie besitzen kein Eigengewicht und verbrauchen keine Energie. Hat man also leere Modulschächte ist es nie ein Fehler, Frachtgestelle einzubauen.

Tipp:
Speziell mit den unteren Kampfrängen und außerhalb von Missionen kann man meist **relativ gefahrlos auch ohne Schilde fliegen,** besonders wenn man sorgfältig die wichtigsten Tipps im Abschnitt »Überleben« gelesen hat. Dies erhöht vor allem bei kleineren Schiffen deutlich die maximale Frachtkapazität und damit den Gewinn pro Flug.

6.2.2.8. Ladelukenöffner

Um an die Fracht anderer Schiffe zu kommen, kann man zum versuchen, **die Frachtluke aufzuschiessen.** Dazu schwächt man die Schilde bis sie versagen und zielt dann auf die Frachtluke bis diese auf 0% sinkt und die Fracht freigibt.

Leider ist es bei manchen Schiffen schwer in eine Schussposition zu kommen, die wirklich vorwiegend die Frachtluke trifft. Zudem sind einige Schiffe leider schon Geschichte bevor die Frachtluke selbst nachgibt.
Aus diesem Grund wurde der Ladelukenöffner entwickelt. Bei niedrigen bis mittleren Schiffsgeschwindigkeiten (bis ca. 200 m/s) kann man diese spezielle Drohne auf die Jagd nach der Frachtluke anderer Leute schicken **(Vorsicht! Das wird als feindseliger Akt betrachtet!).**

Die Drohnenbedienkonsole (hier Ladelukenöffner in der deutschen Übersetzung) benötigt Drohnen (hier verwirrenderweise »Controller« genannt). Diese erhält man in der Erweiterten Ausstattung geeigneter Stationen unter »Auffüllen«.

Einfach das gegnerische – hoffentlich langsam geradeaus fliegende – Schiff als Ziel aufschalten und eine Ladelukenöffnerdrohne (sic!) los schicken. Nicht vergessen, das Drohnenbediengerät vorher auf eine Feuertaste zu legen.

6.2.2.9. Landecomputer

Kaum ein Modul erzeugt unter »Kommandanten« so viele Diskussionen wie der Landecomputer.

Für die Einen ist er ein unabdingbares Werkzeug auf langen (Fracht-)Touren durch die Systeme, für die anderen ist er das Sinnbild der Unfähigkeit einer verweichlichten Generation. Kein Witz, 3305 ist irgendwie nicht anders als 2019.

Spaß beiseite: Der Landecomputer benötigt nur einen Klasse 1 Schacht und nur wenig Strom. Nach dem Erhalt einer Landefreigabe führt er das Schiff kontrolliert und effektiv zum Landeplatz bis zum Einrasten der Docking-Klammern, das ganze untermalt von Richard Strauß' klassischem Musikstück »An der schönen blauen Donau«.

Soviel zur Theorie.

In der Praxis sollte der Landecomputer nie unbeaufsichtigt bleiben. Im Anflug kann so manches schief gehen. Man kann gerammt werden. Oder die Landefläche ist belegt. Oder ein Hindernis wird vom Landecomputer als »nicht umschiffbar« betrachtet. Oder die Schubdüsen des schweren Frachters sind für das unvorsichtige Gemüt des Landecomputers einfach zu schwach.

Mein persönlicher Vorschlag: Lerne ordentlich zu docken. Mit kleinen Schiffen. Dann mit größeren Schiffen. Verwende den Landecomputer wenn der Komfort es gebietet. Nutze den Modulschacht vor allem bei Kampfschiffen für andere Zwecke.

Tipp:
Landecomputer sind **DAS** Erkennungszeichen für »leichte Beute« in Piratenkreisen (und unter denjenigen, deren größter Spaß daraus besteht anderen den Spaß zu rauben). Also, vor allem im »offenen« Spielmodus: **Landecomputer zuhause lassen.**

6.2.2.10. Modulverstärkungen

Module besitzen eine definierte »Integrität«, also die Fähigkeit eine gewisse Menge an Schaden zu »kassieren« bevor sie den Geist zeitweilig oder sogar dauerhaft aufgeben.

Verliert man im Kampf den Schutz der Schilde, ist der Schildgenerator zu klein bemessen oder war man gar ohne Schildgenerator gestartet, **erzielen gegnerische Treffer Schaden an den Schiffsmodulen, die an der Stelle des Treffers platziert sind.** Aber nicht nur das, **Profis greifen sogar gezielt Module wie das Kraftwerk oder die Schubdüsen an,** um diese lahmzulegen.

Mit Modulverstärkungen kann man dies zwar nicht verhindern, man kann aber die Überlebenszeit dieser – meist sehr wichtigen – Module deutlich vergrößern.

Modulverstärkungen gibt es in Größen (Zahl) von Klasse 1 bis Klasse 5. Jede Klasse bietet generell etwa 50% mehr Schutz, ist aber 100% schwerer als die kleinere Klasse. Es empfiehlt sich also (vor allem bei kleineren Schiffen) sehr genau darauf zu achten, wieviel Schutz man benötigt. Klasse 5 wiegt bereits 16 Tonnen.

Die Modulverstärkungen sind in zwei Qualitäten erhältlich, »D« und »E«. Die Qualität »D« schluckt 60% des am eigenen Schiff verursachten Modulschadens bis die Modulverstärkung erschöpft ist. Danach erreichen 100% des Modulschadens das Modul.

Die Qualität »E« ist nicht zu empfehlen. Zwar ist sie billiger, ihre geringe Qualität schluckt aber nur 30% des am Schiff verursachten Modulschadens.

Wichtig ist, dass man kein überflüssiges Gewicht mit sich herum fliegt. Generell haben Module, die nicht durch Ingenieure verändert wurden, selten über dem Wert »100« in der Integrität liegen.
Das bedeutet, das Modul ist endgültig als defekt zu betrachten, wenn es »100« Schaden kassiert hat.

Verwendet man eine Modulverstärkung der Qualität »D«, werden 40% des Modulschadens am Modul erzeugt, 60% schluckt die Modulverstärkung. In anderen Worten: Bei »100« Integrität am Modul mit reichlich vorhandener Modulverstärkung benötigt der Feind etwa »250« an Schaden, um das Modul zu zerstören: 60% (150 Schaden) schluckt die Verstärkung und 40% (100 Schaden) muss das zu schützende Modul in diesem Fall erleiden, bis es die Läufe streckt.

Im Umkehrschluss heißt das aber auch, dass ein Modulschutz von über »250« keinen Sinn macht, wenn man nur Module besitzt die maximal »100« an Schaden erleiden können, denn was nützt einem die beste Modulverstärkung, wenn der 40% Anteil dem zu schützenden Modul schon lange das Licht ausgeblasen hat?

Man nutzt aus diesem Grund bei echten Kampfschiffen meist die Faustregel: Modul-Integrität x 1,5 = Modulverstärkung. Meistens also etwa »150«, eine einzelne »3D« Verstärkung ist hier völlig ausreichend.

Tipp:
Falls man die Option hat, nutzt man zwei Modulverstärkungen im Gesamtwert von »150«, eine davon deutlich kleiner als die andere. Das bietet insgesamt den gleichen Schutz bei geringerem Gewicht, aber was viel wichtiger ist: **Wenn die kleinere Modulverstärkung versagt,** wird man vom Schiff gewarnt! Man kann diese **deutliche Warnung** dann als letzten Hinweis im Sinne von »**Hau ab jetzt, oder das hier endet böse!**« verstehen und sich schnell daran erinnern, dass man zuhause in SOL noch was auf dem Herd hat...

6.2.2.11. Oberflächenscanner

Dieses kleine (Größenklasse 1) Modul findet sich wider aller Logik nicht im Bereich »Werkzeugsteckplätze« sondern im optionalen Modulbereich.

Der Oberflächenscanner wird zur Erkundung von planetaren Objekten verwendet. Zum Einen um Oberflächen von Planeten zu **kartografieren** (lukrativ, eine Erkundung eines erdähnlichen Planeten kann 600.000 Credits für ein einzelnes Objekt erzielen – und mehr!). Zum Anderen verwendet man ihn, um lukrative »Brennpunkte« an planetaren Ringen zu entdecken: Vorkommen von sehr teuren, abbaubaren Gütern.

Die Verwendung des Oberflächenscanners erscheint erst sehr schwer, ist dann aber verblüffend einfach: Nachdem man nahe an einen Planeten heran geflogen ist, wechselt man zuerst in den FSS Modus. Das ist sozusagen der wissenschaftlichen Modus. Dann aktiviert man den Oberflächenscanner. (Tasten hierfür sind in der Regel nicht vorbelegt, besuche bitte im Hauptmenü die Tastenzuweisungen.)

Mit aktivierter Oberflächenscanner-Ansicht sieht man zuerst den Planeten vor sich. Man ist nahe genug wenn die angezeichte Entfernung zum als Ziel aufgeschalteten Planeten gerade von Lichtsekunden (ls) auf Millionen Meter (Mm) gewechselt hat. Der Planet ist dabei, je nach Größe des Planeten, fast bildfüllend im Sichtbereich. Nun kann man Sonden auf den Planeten (oder seinen Ring) abfeuern.

Um den Planeten vollständig zu kartografieren, »schießt« man entweder in einem von der Position und der Größe des Planeten abhängigen Entfernung und verschiedener dazu passender Winkel »flächendeckend« Sonden auf diesen ab – oder man ändert nach der Abdeckung der vorderen Halbkugel die Position und begibt sich – zeitraubenderweise – auf die andere Seite.

Um den Ring für den Abbau wertvoller Materialien zu scannen benötigt man nur eine Sonde, die den Ring trifft. Die Brennpunkte werden daraufhin schnell sichtbar.

> Tipp:
> **Um den Planeten »in einem Aufwasch« 100%ig zu kartographieren** (notwendig für das Namensschild in der Karte und die maximale Auszahlung), deckt man zuerst die sichtbare »vordere« Hälfte des Planeten mit Sonden ein.

Danach muss man versuchen, mit den Sonden die Rückseite des Planeten zu erreichen, ohne die Position zu ändern. Dazu benutzt man die Anziehungskraft. Zielt man weit genug vom Planeten weg, fliegen die Sonden zuerst etwas vom Planeten weg und werden dann im Lauf der Zeit auf der Rückseite von diesem angezogen. Bei Planeten mit Ringen ist zusätzlich die Notiz »Ring« beim Zielen sehr hilfreich. Man zielt einfach so nahe wie möglich an den Ring, ohne diesen zu treffen, also auf der dem Planeten zugewandten Seite des Rings den Ring gerade so verfehlen. Diese Technik funktioniert fast immer!

6.2.2.12. Passagierkabinen

Für den – lukrativen – Transport von Passagieren benötigt man Passagierkabinen. Diese sind in den Klassen Economy, Business, First und Luxury zu erwerben. **Luxury Kabinen** sind leider nur in dafür vorgesehene Passagierschiffe installierbar und für diese benötigt man mindestens den **Horizons DLC Pass.**

Aber auch unterhalb der »Luxury« Klasse kann man gutes Geld mit diesen Kabinen verdienen.

Je nach Handelsrang, Kampfrang und Entdeckerrang und abhängig von Ihrer Reputation bei der missionsgebenden kleinen Fraktion werden Dir unterschiedliche Missionen angeboten. Zusätzlich unterscheidet sich das Missionsangebot noch in der Frage wie wohlhabend das System ist, in dem Du gerade nach Passagieren suchst und natürlich in welchem Zustand die Wirtschaft lokal im Moment ist.

Aus diesen vielen Faktoren erwächst nur ein Rat: Schau Dir vor dem Ausrüsten Deines Schiffes in Ruhe um, was für Missionen angeboten werden und lies das Angebot an Missionen ausführlich und in Ruhe durch. Dann erst entscheidest Du, welche Anzahl an Kabinen und welche Qualität an Service Du anbietest.

6.2.2.13. Planetenfahrzeug-Hangars

Derzeit gibt es – für das Horizons DLC Paket, das die planetaren Landungen einschließt – vier »SRV« Hangars.

Klasse 2 Hangars beinhalten ein SRV, Klasse 4 Hangars beinhalten zwei SRV.

Qualität »G« ist deutlich leichter, benötigt aber deutlich mehr Strom als Qualität »H«. Das ist aber fast immer zu vernachlässigen, weil man den Hangar im Modulbereich rechts im Schiff bequem auf Priorität »5« setzen kann. Der Hangar ist damit nachrangig in der Stromversorgung und wird bei erhöhtem Strombedarf (wie z.B. beim Ausfahren der Waffen) einfach abgeschaltet.

Gelandet und erkundet wird ja schließlich nicht unbedingt mit ausgefahrenen Waffen.

Wichtig ist, dass der Hangar eben nur ein solcher ist. Bitte unbedingt nach dem Kauf des Hangars an den Kauf eines SRV Fahrzeugs denken! Nichts ist frustrierender als am Zielort festzustellen, dass man zwar einen Hangar aber kein Fahrzeug mitgenommen hat.

6.2.2.14. Raffinerien

Um Fragmente wertvoller Güter in Abbaugebieten und Brennpunkten verwerten zu können, benötigt man eine Raffinerie. Diese ist lieferbar in Größen von »1« bis »4« und Qualitäten von »A« bis »E«. Sie unterscheiden sich ausschließlich in der Anzahl der »Körbe« oder »Schächte«.

Wichtig ist, dass bei fast allen Raffinerien die Regel gilt: »Minus eine Größenklasse plus eine Qualitätsklasse«.

Eine »4E« Raffinerie entspricht also ungefähr einer »3D« Raffinerie oder einer »2C« Raffinerie. Da die Raffinerien alle magischerweise kein Gewicht besitzen und sich nur im Stromverbrauch unterscheiden (je mehr »A« desto mehr Stromverbrauch) sollte man **der größeren (Zahl) den Vorrang vor der vermeintlich besseren Qualität geben.** Falls man genug Platz hat. Trostpflaster: Wirklich groß ist der Unterschied im Stromverbrauch nicht.

Die Anzahl der Körbe/Schächte ist von unterschiedlicher Wichtigkeit. Geht man gezielt auf Jagd nach wertvollen Materialien im tiefen Kern von einzelnen Asteroiden (»deep core mining«) reicht eine winzige Raffinerie, da selten nach mehr als einem Material gleichzeitig gesucht wird. Enthält der Kern doch mal ein anderes Material, entleert man einfach im Raffineriebereich (rechtes Fenster im Schiff, Standard-Taste »4«) die Körbe von Hand und setzt den Betrieb fort.

Geht man »klassisch« vor und splittert mit einem Bergbaulaser Fragmente von Asteroiden ab (z.B. Painit) ist eine größere Raffinerie von Vorteil, da jeder Asteroid seine eigene Zusammensetzung hat und man bei kleinen Raffinerien einen großen Teil seiner Zeit damit zu bringt die Raffinerie von nicht genutzten Fragmenten zu reinigen. Das kann die Freude am Abbau erheblich einbremsen.

6.2.2.15. Reparaturdrohnen

Reparaturdrohnenbedieneinheiten (sic!) sind erhältlich in den Größenklassen 1, 3, 5 und 7 in allen regulären Qualitätsschritten (A - E).

Je Größenklasse erhält man die Möglichkeit eine Drohne mehr gleichzeitig einzusetzen, also mit Klasse 1 eine Einzelne, mit Klasse 7 derer Vier.

Die Qualitäten bieten unterschiedlich große Reichweiten für die Verwendung der Drohnen.

Für die meisten Anwendungen ist eine Klasse 1 Bedieneinheit ausreichend. Bedieneinheiten sind recht schwer und damit mit Einschränkungen der Reichweite und der Agilität des Schiffs verbunden. Hier lässt sich also prima was rein sparen. Die Anzahl der mitgeführten Drohnen ist viel wichtiger als die der (schweren) Bedieneinheiten, denn es wird für jeden Reparaturvorgang eine Drohne verwendet und damit auch belegt.

Aktiviert werden die Drohnen wie andere auch: Man weist der Bedieneinheit eine Feuertaste zu und benutzt diese. Hat man ein Ziel aufgeschaltet, wird dieses repariert. Hat man kein Ziel aufgeschaltet macht sich die Drohne fleißig über das eigene Schiff her und repariert dort Schäden.

6.2.2.16. Rumpfhüllenverstärkungen

Die Schiffshülle ist oft die »letzte Rettung« wenn im Kampf die Schilde fallen.

Anstatt schwere und kostspielige Rumpf-Legierungen (siehe oben) zu verwenden, bietet es sich an (immer vorausgesetzt man hat genug Platz zur Verfügung) Rumpfhüllenverstärkungen einzusetzen.

Diese sind erhältlich in den Größen 1-5 und in den Qualitäten »D« und »E«.

Klare Empfehlung: Niemals »E« verwenden. Diese sind zwar annähernd so stark wie »D« Verstärkungen und deutlich preisgünstiger, aber **doppelt so schwer.** Reichweite und Agilität leiden beträchtlich!

Da, analog zu den Modulverstärkungen, jede Größenklasse nur eine geringe Steigerung der Verstärkung mit sich bringt und diese Verstärkung in den größeren Klassen auch unterproportional ist, macht es Sinn auf die großen Größen zu verzichten. Das beste »Leistungs-Gewicht-Verhältnis« haben dabei entweder »1D« (wenn es denn ganz leicht sein soll) oder »3D« für maximalen Schutz bei noch erträglichem Gewicht.

»4D« und »5D« sollte man nur bei großen Schiffen verwenden und falls man wirklich auf so viel Hüllenschutz aus ist. Bitte immer bedenken: Vor allem im Kampf gegen Menschen sind oft schon lange die Module ausgefallen und die Hülle ist immer noch aktiv.

6.2.2.17. Sammeldrohnen

Anstatt mühselig Fracht und andere Materialien von Hand mithilfe der Frachtluke zu sammeln, kann man Sammeldrohnen verwenden.

Das hierfür benötigte Bediengerät gibt es in den Größenklassen »1-7« und den Qualitäten »A-E«. Die Größenklassen unterscheiden sich vor allem durch die Anzahl der gleichzeitig aktiven Drohnen, die Qualitäten vor allem durch Lebensdauer und Reichweite.

Generell gilt wie bei anderen Drohnen: Ein genauer Blick auf das Angebot und die Art der Verwendung ist hilfreich. »B« klassifizierte Drohnen haben meist etwas mehr Reichweite als »A« Drohnen und die billigen »E« Drohnen sind manchmal die bessere Wahl als »D« Drohnen.

Um Objekte einzusammeln weist man dem Bediengerät (in der deutschen Übersetzung wieder einmal falsch als »Drohne« bezeichnet) einer Feuertaste zu. Die zuvor in der erweiterten Wartung (»Auffüllen«) eingekauften Drohnen (im Spiel falsch als »Controller« bezeichnet) kann man dann auf zwei Arten auf die Reise schicken:

Entweder man weist der Drohne ein Ziel zu, indem man es als ebensolches aufschaltet: dann sucht die Drohne dieses Ziel auf und »liefert es an«, um danach ihren Dienst zu quittieren.

Oder man entlässt eine Drohne in die Freiheit, **ohne vorher ein Ziel aufzuschalten:** dann sammelt die Drohne alles auf, was sie findet. Beides natürlich vorausgesetzt, dass die **Frachtluke offen** steht.

6.2.2.18. Schildgeneratoren

Schildgeneratoren sind sozusagen die »vorderste Front« gegen Einflüsse von Außen.

Ist der installierte Schildgenerator ausreichend dimensioniert (minimale Masse des Generators übertrifft die tatsächliche Gesamtmasse des Schiffs) ist das Schiff vollständig gegen Modulschaden von außen abgeschirmt und auch die Hülle ist sicher vor äußeren Einflüssen.

Mit einer kleinen Einschränkung: Sogenannte »Phasen«-modifizierte Laser und ebensolche Plasmabeschleuniger, die bei noch intakten Schilden Schaden an der Hülle verursachen. Sie werden aber von NPC nur in den obersten Rängen, Missionen und Konfliktzonen verwendet werden und sind auch bei menschlichen Spielern nicht als die Regel zu betrachten. Die Modifikation zum Phasen-modifizierten Laser oder Plasmabeschleuniger vermindert nämlich den Schaden dieser Waffen beträchtlich.

Ist der Schildgenerator zu klein, erhalten Hülle und Module einen Teil der auf die Schilde treffenden Schadenswirkung »durchgereicht«. Das hat zur Folge, dass man bereits weit vor dem Versagen der Schilde außer Gefecht oder zerstört sein kann.

Deshalb bitte immer auf die ausreichende Größe des Schildgenerators achten und falls kein Platz für einen ausreichenden Generator ist, einfach den Einsatz einer stärkeren Hülle samt Modulverstärkung in Betracht ziehen. Vor allem bei nur gelegentlicher Feindeinwirkung mit der Intention, professionell »stiften zu gehen« kann dies eine echte Alternative darstellen, Stichwort: **Frachtbetrieb ohne Missionen.**

Für rein zivilen Betrieb ohne zu erwartende stärkere Gegner (kein Kampf, keine Missionen), reicht in den meisten Fällen ein »D« Schild der größten einbaubaren Klasse (oder eben der Klasse, die die gesamte zu erwartende Schiffsmasse abdeckt) aus. Ein »D« Schild bietet deutlich weniger Schutz als ein »A« Schild, aber eben auch eine deutliche Gewichtsersparnis. Wer ein bisschen das Ausweichen und Nicht-Kämpfen trainiert hat, der kann fast immer weit im »grünen Bereich« bleiben, was die eigene Gefährdung angeht.

»A« Schilde sind hingegen die Grundlage für die meisten Kampfschiffe (Ausnahmen siehe am Ende dieses Abschnitts). Sie bieten bei hohen Kosten und hohem Stromverbrauch am meisten Schutz, der danach noch mit Schildboostern (Werkzeugplätze) und anderen Tricks (Ingenieure, Guardians – beides im Horizons-Paket) ausgebaut werden kann.

Generell solltest Du bei der Auswahl des richtigen Schildgenerators ein Gefühl dafür haben, wie viel Schaden die Gegner, die Du erwartest, bei Dir anrichten. Man wählt im Idealfall seinen Schildgenerator so, dass eine Angriffswelle (die Zeit in der man seine Waffen leer feuert und maximalen Schaden am Gegner verursacht) **maximal 50% der eigenen Schilde verbraucht.**

Diese lädt man dann mit einer **Schildzelle** wieder auf, die ziemlich genau diesen zu erwartenden Schaden enthält. So hat man beim nächsten Anlauf ein (fast) maximal gefülltes Schild zur Verfügung und hält möglichst lange im Kampf durch ohne Gefahr zu laufen, die eigenen Schilde fallen zu sehen.

Bei größeren Schiffen fällt die 50% Überlegung weg, da die Schilde größerer Schiffe (vor allem die, die durch Ingenieure verbessert wurden) weit mehr als einer Angriffswelle durchschnittlicher Gegner standhalten. Beispielsweise kommt **die Start-Sidewinder mit ca. 50 MJ Schildschutz daher,** ein **durchschnittlich ausgestatteter Allround-Fracht-Cutter** mit etwas Ingenieurstätigkeit bringt es zumeist schon auf **über 1000 MJ** »rohen« Schildschutz. (Kampfschiffe haben mit Hilfe der Ingenieure teilweise **7000 MJ und mehr**). An dieser Stelle dann auch die Anmerkung:

PvP, also der Kampf »Kommandant« gegen »Kommandant« sollte nicht stattfinden, wenn einer der beiden Teilnehmer nicht auf dem gleichen »Tuning« Stand in Sachen Ingenieure ist. **Das wäre mehr als unsportlich.**

Nicht durch Ingenieure verbesserte Schilde haben ein Ungleichgewicht was die Schutzwirkung gegen verschiedene Schadensarten angeht. Ein Schild mit 100 MJ »rohem« Schaden (Schaden, der durch Rammen und Kollisionen aller Art entsteht (oder durch Waffen mit einem hohen Schadensanteil dieser Art wie Schienenkanonen oder Plasmabeschleuniger) besitzt nur etwa 80 MJ »Resistenz« gegenüber thermischen Waffen wie Lasern. **Deshalb der Tipp, sich an gegnerischen Schilden vorzugsweise mit Lasern auszutoben.**

Gegenüber kinetischen Waffen (Kanonen aller Art) besteht hingegen eine **höhere Widerstandsfestigkeit,** hier bieten Schilde fast 60% mehr Schutz, in unserem Beispiel also fast 160 MJ.

Gegenüber explosiven Waffen (Torpedos, Raketen) sind Schilde selbst in nicht verbessertem Zustand wirklich **sehr potent:** Unser »100 MJ« Schild bietet gegenüber explosiven Angriffen fast 90% mehr Leistung – also ca. 190 MJ!

Wer also die »Schilde oben« hat, muss sich etwas weniger Sorgen um Kanonen aller Art und selten Sorgen um explosive Angriffe machen. Das sieht übrigens mit »Schilde unten« im Regelfall genau anders herum aus.

Außer den regulären Schildgeneratoren gibt es noch zwei Spezial-Schilde:

1.) Bizellengeneratoren

Diese Schildgeneratoren sind als Qualität »C« eingestuft, was nahe dran aber eben voll daneben ist: Ihre Leistung entspricht immer exakt der Leistung der »D« Qualität gleicher Größe, mit dem Gewicht von »A«. Was diese Schilde so besonders macht ist ihre Fähigkeit, sich schneller wieder aufzufüllen (bis zu doppelt so schnell wie ein »A« Schild) und schneller wieder den Grundbetriebszustand herzustellen wenn sie einmal gefallen sind (bis zu 50% schneller als ein »A« Schild).

Bizellengeneratoren (engl. Bi-Weave shields) sind das Mittel der Wahl bei Schiffen, die im Falle eines gefallenen Schildes in der Lage sind, gut weiter zu kämpfen, weil sie schlecht getroffen werden und sich immer »face to face« positionieren können (damit die Gefahr eines Modultreffers in Schubdüsen und Kraftwerk gering bleibt).

Eine Cobra Mk3 beispielsweise kann mit einem Bi-Weave und reichlich Hüllenverstärkungen lange Zeit am Stück auf Kopfgeldjagd gehen, solange der »Kommandant« etwas Vorsicht walten lässt. Mit einem »A« Schild hingegen besitzt die Cobra nur etwa 75 MJ mehr Schutzwirkung, muss aber zwischen den Zielen lange Pause zur Regeneration machen (oder Schildzellen nutzen, deren Anzahl limitiert ist).

Bi-Weave sind also sehr beliebte Schilde für »Ausdauer« Kopfgeldjäger. Darüber hinaus nutzt man sie gerne bei sogenannten »Hybrid« Schiffen, die teilweise in Schleichfahrt kämpfen, oder sogenannten »Rumpfmonstern«, bei denen der Schild einfach nur als sich stetig regenerierender Zusatzschutz verwendet wird.

2.) »Prismatische Schilde«

Diese Schildgeneratoren sind nur erhältlich, nachdem man einige Wochen bei einem der PowerPlay Charaktere »gedient« hat. Die Arbeit hierfür ist mit größeren Schiffen deutlich leichter und meist mit Kosten verbunden, deshalb meine klare Empfehlung: Bitte nicht gleich irgendeinem Powerplay »Führer« die Treue schwören, auch nicht **Aisling Duval** für die prismatischen Schilde.

Neben der ganzen Arbeit kosten diese Schilde auch noch enorm Geld und sind nur erhältlich solange man Fräulein Duval zufrieden stellt. **Man sollte also Geld für alle Größen (!) dieser Schilde und wenigstens ein mittelgroßes Schiff besitzen bevor man sich dieses Projekts annimmt (ein prismatisches Schild der Größe 8 kostet über 240 Millionen Credits...)**

Man kann sich prismatische Schilde als besonders starke Schilde vorstellen, die mehr oder weniger einen Schildverstärker aus dem Werkzeugbereich überflüssig werden lassen (je nach Schildgröße). Das ganze hat aber auch seine Nachteile: Nicht nur **regenerieren prismatische Schilde entsetzlich langsam,** was sie im Kopfgeldbereich völlig untauglich macht, **sie sind leider auch noch extrem schwer.**

Um bei unserer Cobra Mk 3 zu bleiben: Prismatische Schilde erzeugen hier 10 (!) Tonnen Mehrgewicht in gleicher Größe (bei einem Cutter sind's dann mal schnell 160 (!) zusätzliche Tonnen Gewicht...)

Ein weiterer Nachteil sollte auch noch erwähnt sein: Der extreme Strombedarf. Dieser liegt je nach Schild weit über dem eines oben erwähnten Schildverstärkers. Prismatische Schilde sind also nicht immer das Mittel der Wahl, so verlockend sie sein mögen und so groß ihre Fangemeinde auch ist.

Im Horizons Pack erhältlicher Zugang zu einzelnen Ingenieuren kann übrigens die Leistung der Schildgeneratoren ungemein verstärken. Unter anderem dadurch, dass bei Schiffen mit vielen Werkzeug Steckplätzen die evtl. in großer Zahl installierten Schildverstärker die Resistenzen enorm erhöhen können. So sind Schildstärken gegenüber Lasern in Höhe von 14000 (!) MJ und mehr beim Imperial Cutter keine Seltenheit.

6.2.2.19. Schildzellenbänke

Um beschädigte (besser: entleerte) Schildgeneratoren bei Bedarf schnell aufladen zu können, existieren Schildzellenbänke.

Sie sind in allen denkbaren Modulgrößen und Qualitäten erhältlich (1 - 8 und A - E).

Die Wahl der richtigen Schildzellenbank ist so schwer und so unterschiedlich in den entscheidenden Faktoren, abhängig vom Schiffstyp, vom Einsatzzweck und den persönlichen Vorlieben, dass diese hier nicht ausgiebig beschrieben werden kann.

Bei kleineren Schiffen gilt die Faustregel »Eine Klasse kleiner als das verwendete Schild«. Folgt man dieser sollte man aber idealerweise auch in den Werkzeug Steckplätzen noch einen Kühlkörperwerfer installieren, der zeitgleich oder idealerweise sogar 2-3 Sekunden vor dem Abfeuern einer Schildzellenbank aktiviert wird.

Wer es genauer mag, schaut sich den »rohen« Schildwert (Schildgesundheit) im rechten Im-Schiff-Info-Fenster – (Standard-Taste »4«) an und entscheidet dann, wie groß seine Schildzelle sein soll. In Coriolis kann man sich bequem die Gesamtkapazität der verwendeten Schildzellen anzeigen lassen und dann eine Größe wählen, die beispielsweise 1/3 der Kapazität auffüllt. Dann löst man jedes Mal im Kampf eine Schildzelle aus, wenn man einen der drei Schildringe verloren hat.

Im Regelfall bevorzugt man eine »bessere« Qualität (also eher A statt B statt C) anstatt eine größere Klasse (also eher 1 statt 2 statt 3). Der Hintergrund ist, dass man so zum Einen Platz spart (man verwendet eben nur einen kleineren Schacht) und zum Anderen beim Auslösen der Schildzelle weniger Hitze erzeugt. Je größer die Klasse desto mehr Hitze entsteht. Bei einer Cobra Mk 3 kann beispielsweise eine Klasse 2 Schildzelle ohne Kühlkörperabwurf verwendet werden, solange man 2-3 Sekunden vor dem Zünden der Schildzelle nicht mehr boosted und nicht mehr schießt.

Die Schildzellen haben eine unterschiedliche Anzahl an auslösbaren Einzelzellen. Das geringste Gewicht haben »D« Schildzellen, allerdings bei stark verringerter Kapazität, die größte Anzahl an »Munition« und auch das größte Fassungsvermögen haben Schildzellen der Qualität »B«, allerdings mit einem gewaltigen Aufschlag in Sachen Gewicht. Insgesamt sind »A« Zellen meist die beste Wahl.

6.2.2.20. Treibstoffsammler

Der Menschheit größter Traum wird wahr: Kostenloser Treibstoff.

Wie schon in den Kurztipps beschrieben, kann ein Treibstoffsammler an allen Systemen deren Hauptstern den »Hauptsequenz« Sternklassen KGBFOA und M entspricht, kostenlos nachtanken.

Dazu fliegt man mit dem installierten Treibstoffsammler einfach etwas näher (nicht zu nahe) an den Hauptstern... und schon wird getankt. Zu weit weg und das Tanken ist ineffektiv. Zu nahe und es wird schnell zu heiß. Höher als 80% Hitze sollte man nicht gehen und spätestens bei 100% etwas Abstand gewinnen, denn ab da droht Modulschaden.

Treibstoffsammler sind ähnlich wie die anderen Module klassifiziert: Je größer die Zahl, je näher an »A« desto mehr Durchsatz beim Tanken.

Die Auswahl des Treibstoffsammlers sollte dem Einsatzzweck entsprechen. Wer ihn nur als »Flautenschieber« einbaut, der ist mit einem kleinen bereits ausreichend versorgt, da es kein Problem ist, mal 5 Minuten auf einen Tankvorgang zu warten. Wer auf größere Erkundungstour geht und dann auch noch einen großen FSA Antrieb eingebaut hat, der schätzt es sehr einen großen Treibstoffsammler eingebaut zu haben. Vielleicht ja sogar einen, der den Tank im »Vorbeiflug« am Hauptstern auffüllt und somit von Sprung zu Sprung keine Verzögerung erzeugt.

> **Tipp:**
> Einfach auf coriolis.io nach dem Bedarf für eine volle Sprungweite schauen (beim Sprungantrieb) dann einen Treibstoffsammler wählen, der in 10-15 Sekunden eben diese Menge »erntet«. Es resultiert ein kontinuierliches Springen bis zum Ziel ohne jegliche Verzögerung beim Tanken, wenn beim neu Ausrichten des Schiffs auf das nächste Sprungziel einfach die Nähe zum Hauptstern beibehalten wird.

6.2.2.21. Treibstofftanks

Treibstofftanks sind kein Ersatz für Treibstoffsammler.

Dieser Satz ist wichtig, sieht man doch immer wieder Schiffe die für längere Strecken riesige **Treibstofftanks mit viel Gewicht** installiert haben, statt die **gewichtslosen Treibstoffsammler** zu nutzen.

Die meisten Nicht-Kampfschiffe besitzen ein genügend großes Treibstoff-Reservoir, um alle 3-4 Sprünge am jeweils auftauchenden Stern der Kategorie KGBFOA oder M aufgetankt zu werden.

Für Reisen innerhalb des bewohnten Gebiets sind Schiffe mit mindestens 4 Sprüngen bis »Tank leer« völlig problemlos.

Reist man weiter »außerhalb« kann man aber in Gebiete kommen, in denen diese Hauptsequenz-Sterne – KGBFOAM – rar werden. Dann ist man sehr dankbar für ein paar Sprünge mehr in Reserve.

Viele Erkunder halten deshalb 8-10 Sprünge an Treibstoffmenge vor, um wirklich auf Nummer sicher zu gehen. So wird nach der Hälfte der maximalen Sprünge (ein Blick: Treibstoffanzeige auf ca. 50%) aufgetankt. Sollte kein Stern zum Tanken angeflogen werden, öffnet man die galaktische Karte und stellt sicher, dass einer der nächsten Sprünge ein Hauptsequenz-Stern ist.

Merke:

Großer Treibstoffsammler, Treibstofftank so groß bemessen dass 4+ Sprünge möglich sind, Explorer nehmen Extra Tanks mit für insgesamt 8+ Sprünge.

6.2.2.22. Treibstoff-Transfer-Drohnen

Diese Drohnen dienen dazu, andere Schiffe im Bedarfsfall mit Zusatztreibstoff zu versorgen.
   Sie funktionieren wie alle anderen Drohnen im »Ziel« Modus, d.h. es wird ein Bediengerät installiert (das in der deutschen Übersetzung sinnigerweise nur »Treibstoff-Transfer-Drohne« heißt). Dieses Bedienteil wird dann einer Feuertaste zugewiesen und verschickt nach dem Aufschalten eines Ziels eine Drohne, die in der deutschen Übersetzung »Drohnencontroller« heisst und in Stationen unter **»Erweiterte Wartung« und dann »Auffüllen«** erworben werden kann.

Jede Drohne entnimmt eine Tonne Treibstoff aus dem eigenen Tank und füllt diese in den Tank eines in Reichweite befindlichen und anvisierten Schiffs.

Bitte achte darauf, dass Du vor lauter »Muss Freund retten« nicht »Bin selbst leer gelaufen« erlebst...

6.2.3. Werkzeug-Steckplätze

Die Werkzeug-Steckplätze beinhalten eine unterschiedliche Anzahl an Modulplätzen, abhängig vom Schiffstyp. Die hier verwendeten Module haben alle eines gemeinsam: ihre Größe ist immer 0 und die Unterteilung der Modulqualitäten entspricht nicht der der anderen Modulgruppen. So ist A immer am leistungsfähigsten und E immer am schwächsten

---

Merke:

A = Aber hallo
E = Erbärmlich

6.2.3.1. Düppel-Werfer

Dieses in nur einer Größe und Ausführung erhältliche Modul kann für einige Sekunden die Zielgenauigkeit von kardanischen Waffen und Geschützturm-Waffen herabsetzen.

Nach einigen Sekunden hört der »hübsche Glitter Regen« allerdings auf und der Gegner hat wieder volle Zielführung.

Der Düppel-Werfer wird am besten gegen Gegner ohne (!) starre Waffen oder Raketen eingesetzt. Im regulären Kampf wirft man die Düppel bei Erreichen der gegnerischen Waffenreichweite.

Bei den meisten Schiffen (vor allem die mit einer geringen
Werkzeug-Steckplatz-Anzahl) gibt es wichtigere Module als
dieses, immerhin benutzt ein Großteil der Gegner (vor allem
der NPC) sowieso starre Waffen, vor allem in höheren
Rängen.

**Hat man viele Steckplätze und erlebt man immer wieder
Angriffe von Gegnern mit nicht starren Waffen, kann man
mehrere Düppel-Werfer einsetzen. Zwei decken fast die
gesamte Zeit ab, drei davon mit absoluter Sicherheit. Ob das
Sinn macht, muss man für sich entscheiden, meist sind
bessere Schilde sinnvoller.**

6.2.3.2. EGM

**Die »Elektronischen Gegen Maßnahmen« sind zur
zeitweiligen Abwehr von (gelenkten) Raketen und
Torpedos gedacht.** Weist man die EGM einer Feuertaste zu
und drückt diese, lädt sich die EGM bis zu einer gewissen
Reichweite auf. Je länger man drückt, desto höher ist die
Reichweite, sie ist allerdings nicht unendlich vergrößerbar.

Lässt man die Feuertaste dann los, entlädt sich das EGM und
legt im angegebenen Radius alle (gelenkten) Raketen für eine
kurze Zeit lahm.

Vorteil gegenüber der Punktverteidigung: ALLE Raketen
werden kurzzeitig lahmgelegt.

Nachteil gegenüber der Punktverteidigung (siehe unter 6.2.3.6.): Sie erwachen nach kurzer Zeit wieder zum Leben. Bis dahin sollte man reichlich Abstand gewonnen haben.

Ein EGM ist durch die lange Phase der Nicht-Verwendbarkeit nach Benutzung kein echtes Mittel gegen Raketen. Dazu benötigt man mindestens zwei. Besser ist es, generell Schiffe zu bauen die Raketenangriffen standhalten (Schilde tun das in hohem Maße), und im Zweifelsfall das Weite zu suchen.

6.2.3.3. Experimentell

Der experimentelle Bereich ist für Module gedacht, die im Zusammenhang mit Thargoiden benutzt werden. Dies ist Bestandteil des Horizons Pakets und im Umfang hier nicht zu behandeln. Warte bitte auf den entsprechenden Teil der Buch-Reihe.

6.2.3.4. Impulswellen-Analysator

Das Herzstück des »tiefen Abbaus« von Kernmaterial in Asteroiden.

Im Gegensatz zum Abtragen von oberflächlichen Materialien und dem langsamen fragmentieren der äußersten Schicht eines Asteroiden mit Abbaulasern, kann man auf die seltenen und sehr teuren Materialien innerhalb von Asteroiden Jagd machen.

Der Impulswellen Analysator zeigt hierbei nicht nur im angegeben Bereich (nach vorne, ca. 60 Grad Blickfeld, maximal 12 km Reichweite) **alle vielversprechenden Asteroiden** für den regulären Abbau, er weist auch mehr oder weniger zuverlässig auf das **Vorhandensein teurer Kernmaterialien** hin. Letztere erscheinen mit einem **sehr gesättigten Gelb**. Näher am Asteroiden sieht man dann die Fissuren für die Sprengung.

6.2.3.5. Kühlkörperabwurf

Ein sehr hilfreiches, wenn nicht bei den meisten Schiffen und Einsätzen sogar fast essentielles Modul ist der Kühlkörperabwurf.

Er senkt kurzfristig die Temperatur des Schiffes. Die meisten Schiffskonfigurationen erreichen selbst unter Kampfbedingungen Temperaturen von unter 20%.

Kühlkörper sind zum Einen die Rettungsleine bei Überhitzungen, die den Modulen gefährlich werden können: Dieser Bereich startet bei 100%. Bei ca. 120% beginnt ernsthafter Modulschaden, ab ca. 200% kommt es selbst bei kurzzeitigen Überschreitungen dieser Art zu schweren Modulschäden bis zum Modulversagen.

Kühlkörper werden außerdem auch regelmäßig benutzt, um zum Beispiel die **Hitzeentwicklung großer Schildzellen zu kompensieren.** Je größer die Schildzelle und je kleiner das Schiff, desto wichtiger kann es sein einen Kühlkörper **kurz vor** der Benutzung der Schildzelle zu benutzen.

Kurz vor der Benutzung der Schildzelle deshalb, weil die Kühlkörper kurze Zeit benötigen, um die Hitze zu senken. Nach dem Abfeuern des Kühlkörpers senkt sich die Hitze etwas, dann stagniert die Abkühlung etwas, dann kommt der Hauptteil der Abkühlung.

Bei Verwendung von zwei Schildzellen wird deshalb zuerst der Kühlkörper aktiviert. Dann folgt in 1-2 Sekunden Abstand die erste Schildzelle.
Je nach Schildzelle kommt es nun zu einer deutlichen Hitzesteigerung, dann zu einem Temperaturrückgang. Wenn dieser seinen »Boden« gefunden hat, d.h. wenn die Temperatur nicht mehr weiter zurück geht, dann feuert man die zweite Schildzelle ab.

Je nach Schildzellen können bei geschicktem Einsatz bis zu drei Schildzellen mit einem Kühlkörper verwendet werden.

Als Spezialanwendung für Kühlkörper ist die Schleichfahrt anzusehen. Ist diese aktiviert, wird das Schiff immer wärmer. Kompensiert man diese Erwärmung mit einem Kühlkörper unter ca. 40% Hitze, wird man auf mittlere Distanz für zielgeführte Waffen unsichtbar (nicht für starre Waffen!).

Ein weiterer Einsatzzweck der Kühlkörper ist das Schmuggeln. Hat man »unpassende« Güter dabei, und wird von den Ordnungshütern oder einer Station beim Schmuggeln gescannt (Mitteilung auf dem Schirm!) und wirft man schnell und ohne größere Verzögerung einen Kühlkörper ab. Das reicht aus, um die Temperatur bei normalen Schiffen so weit zu senken, dass der Scan erfolglos bleibt. Man hat dann einige Sekunden Zeit bis zum nächsten Scan. In der verbleibenden Zeit kann man meist bequem in die (größere) Station einfliegen oder auf einem Pad landen. Falls die Zeit nicht ausreicht, wirft man einfach noch einen Kühlkörper.

> **Übrigens:**
> Schmuggeln ist umso leichter, je mehr die betreffende Station einen »mag« (Reputation) und je kleiner das eigene Schiff ist. Wenn man dann noch auf Boosten und schnelle Bewegungen verzichtet ist es ein Kinderspiel.

6.2.3.6. Punktverteidigung

Im Gegensatz zu den elektronischen Gegenmaßnahmen EGM (siehe unter 6.2.3.2.) ist die Punktverteidigung ohne die Notwendigkeit einer manuellen Aktivierung wirksam.

Im Prinzip handelt es sich um ein kleines Mehrfachgeschütz auf einem Geschützturm, das mit hoher Projektilgeschwindigkeit versucht, ankommende Raketen zu vernichten.

Dies gilt für alle Arten von Raketen und auch alle Arten von Drohnen.
Die Schwächen der Punktverteidung sind zum Einen, dass sie nur Objekte in Sicht bekämpfen kann. Ist Deine Punktverteidigung oben auf dem Schiff montiert und der Angriff erfolgt von unten, **kann sie nichts gegen anfliegende Objekte unternehmen.**

Zum Anderen ist die Punktverteidigung gegen Schwarmraketen (Powerplay Waffe, bis zu 24 Stück gleichzeitig unterwegs zum Ziel!) **weitestgehend hilflos.**

NPC Raketen sind gegen Schilde nur begrenzt von Bedeutung. Solange man also nicht gegen Menschen spielt, ist der Raketenverteidigung nur in dem Maße Aufmerksamkeit zu widmen, in dem man plant, ohne Schilde unterwegs zu sein oder Wert darauf legt mit deaktivierten Schilden gegen Raketen aller Art abgesichert zu sein.

6.2.3.7. Schild-Booster

Diese sehr nützlichen kleinen Module verstärken die Kapazität der Schilde. Sie sind in Qualitäten von »E« bis »A« erhältlich, in denen sie an Leistung (und leider auch an Gewicht, Kosten und Strombedarf) zunehmen.

Schildbooster verstärken prozentual die Basisleistung des verwendeten Schildgenerators. Man kann sie sich vorstellen wie Becher, die an einen Eimer geklebt werden und mit diesem verbunden sind. Sie erhöhen das Gesamtfassungsvermögen des Eimers, nicht mehr und nicht weniger. (Mit Ingenieuren aus dem Horizons Paket wird's dann doch mehr. Viel mehr…)

Die Effizienz der einzelnen Schildboostertypen ist übrigens nicht gleich:

- Ein Schildbooster 0E liefert 4% mehr Leistung bei 0,2 MJ Verbrauch (20,00% pro MJ)
- Ein Schildbooster 0D liefert 8% mehr Leistung bei 0,5 MJ Verbrauch (16,00% pro MJ)
- Ein Schildbooster 0C liefert 12% mehr Leistung bei 0,7 MJ Verbrauch (17,14% pro MJ)
- Ein Schildbooster 0B liefert 16% mehr Leistung bei 1,0 MJ Verbrauch (16,00% pro MJ)
- Ein Schildbooster 0A liefert 20% mehr Leistung bei 1,2 MJ Verbrauch (16.67% pro MJ)

Es lohnt sich also, einen Blick auf mögliche Kombinationen von Boostern zu werfen.

Ein häufiger und tragischer Fehler ist die Verwendung der Schildbooster, um mehr Durchhaltevermögen im Kampf zu erreichen. Dazu sind diese nicht geeignet. Sie sollen die Grundkapazität eines Schildes soweit erhöhen, dass man nicht dauernd in Gefahr ist, die Schilde zu verlieren. Sie sollten nicht die Kampfdauer erhöhen.

Ein Schildbooster der Klasse 0B beispielsweise liefert bei einer Cobra Mk3 mit rund 125 MJ Schildkapazität ohne Booster ein »Plus« von rund 16%, also rund 20 MJ. Das bei einem Mehrverbrauch von 1,0 MJ und einem Gewicht von ca. 3 Tonnen.

Eine Schildzellenbank der Klasse 2B wiederum liefert beim gleichen Schiff eine zusätzliche Schildkapazität von rund 210 MJ bei einem Mehrverbrauch von rund 1,01 MJ und einem Gewicht von 4 Tonnen.

Eine Schildzellenbank liefert also deutlich mehr Kapazität (hier: 210 statt 20 MJ – das ist annähernd 11 mal so viel!) bei gleichem Strombedarf und vergleichbarem Gewicht. Die Schildzellenbank kann dieses Plus natürlich nur über einen längeren Zeitraum in »Häppchen« (hier: 5) liefern, aber diese sind immer noch rund 42 MJ groß und damit doppelt soviel wie die Gesamtkapazität des Boosters.

Merke:

Wenn die Schilde für den Initialbedarf groß genug sind, aber mehr Standfestigkeit gewünscht ist, dann bitte Schildzellen im optionalen Bereich hinzufügen anstatt wertvollen Strom auf Schildbooster zu verschwenden, die nur kurzfristig helfen.

6.2.3.8. Sogwolkenscanner

Sogwolken entstehen wenn ein Schiff einen Sprung in den Supercruise oder in ein anderes System unternimmt.

Mit einem Sogwolkenscanner können Sogwolken **hoher Intensität (Sprung in ein anderes System)** analysiert werden.

Dies ist hilfreich, wenn man auf einer Mission einem knapp entkommenden Verbrecher hinterher eilen will, oder wenn man sich als Pirat verdingt.

Letztere Eigenschaft der Sogwolkenscanner macht einem das Leben allerdings evtl. auch schwer, da die menschlichen Ordnungshüter oft vorschnelle Rückschlüsse aus den verwendeten Modulen ziehen (siehe auch 6.2.3.10. Verzeichnisscanner).

Meistens ist der Steckplatz für den Sogwolkenscanner aber verschwendet. Zum Herausfinden des Zielsystems eines Geflüchteten reicht es, folgendes zu tun: Anstatt den Flüchtigen direkt anzupeilen, richtet man das eigene Schiff so aus, dass das linke Hologram seines Schiffs in etwa den gleichen Winkel nach oben rechts besitzt wie das eigene Schiff im rechten Hologram nach oben links. Sobald er gesprungen ist, behält man exakt diese Richtung bei und selektiert nacheinander von geringer nach größerer Entfernung im linken Navigationskurzmenü alle erreichbaren Systeme durch. Findet man ein System, das sich im direkten »voraus« Sichtfeld befindet, ist es mit ziemlicher Sicherheit das Zielsystem. Quoten von 60% und mehr bei Computergegnern und 80% und mehr bei menschlichen Gegnern sind hier mit etwas Übung leicht erreichbar, ohne gleich als Pirat gebrandmarkt zu werden oder einen kampfentscheidenden Werkzeug-Steckplatz vergeudet zu haben.

6.2.3.9. »Tötungsbefehlscanner«

Dieser Scanner sollte eigentlich »Zerstörungsbefehlscanner« **genannt werden,** da im Elite Universum ja immer eine funktionierende Rettungskapsel zur Verfügung steht, streng genommen also niemand getötet wird. Aber das martialische im Tonfall macht ja auch Spaß.

Der Scanner addiert bei der Kopfgeldjagd die auf einen Delinquenten in anderen Systemen ausgesetzten Kopfgelder auf das sichtbare lokale Kopfgeld hinzu. Dies erhöht die Ausbeute beim Abschuss um ein Mehrfaches. Wer Kopfgeldjagd betreibt und keinen »Tötungsbefehlscanner« verwendet, dem kann wirklich keiner helfen.

Die Scanner gibt es in verschiedenen Größen (E - A), die sich durch die Reichweite unterscheiden. Die kleineren Scanner sind nicht nur billiger und leichter, sie verbrauchen auch nur **einen Bruchteil des Stroms** der großen Modelle. Und das, wo die größeren Modelle pro Qualitätsstufe teilweise nur **500m mehr Reichweite bieten.**

Für agilere Schiffe in der Klasse 350 m/s und mehr reicht ein Scanner der Klasse 0D gut aus, für langsamere Schiffe verwendet man einen der Klasse 0C. Überlege Dir, was Du deinem Schiff für den mit einem kleineren »Tötungsbefehlscanner« eingesparten Strom gutes tun kannst: bessere Schubdüsen, bessere Schilde, Schildzellen und so weiter.

> **Merke:**
>
> »Tötungsbefehlscanner« klein wählen, um Strom zu sparen und damit lieber andere, sinnvollere Module betreiben.

6.2.3.10. Verzeichnisscanner

Dieses Modul listet im linken Fenster die Frachtliste eines gescannten Schiffes auf. Die Bezeichnung »Verzeichnisscanner« in der deutschen Übersetzung ist dabei einer der übelsten Dinge, die einem im Spiel begegnen. Jeder einzelne deutschsprachige Kommandant, dem ich in den letzten Jahren begegnet bin, war deswegen im besten Falle am Schmunzeln. Besser wäre »Frachtscanner«, aber irgendwie ist da wohl beim Übersetzen keiner drauf gekommen.

Der Verzeichnisscanner ist nicht nur hilfreich, wenn man als Pirat unterwegs ist. Er kann auch nützlich sein, um im Zusammenhang mit der lokalen Politik Frachtrouten zu erkennen.

Das Wichtigste am Verzeichnisscanner ist aber, dass man sich folgender Tatsache bewusst ist:

Vor allem in der Nähe der Newbie Systeme reicht die Installation eines Solchen, um von den immer wieder dort vorhandenen »tollen Helden des lokalen Systems, Retter der Neulinge, Götter des Kampfes« (siehe Kapitel 8 und ja, das war eben Sarkasmus) als Pirat abgestempelt zu werden.

6.3. Waffen

Um sich in Elite Dangerous mit Waffen und ihren Eigenschaften näher zu befassen, muss man sich zuerst kurz das Schadensmodell anschauen, also die Art wie Schaden entsteht und erkannt wird.

6.3.1. Das Schadensmodell

Bei den Schadensmodellen unterscheidet Elite Dangerous zwischen verschiedenen Arten von Schäden, die sich auf unterschiedliche Weise auswirken können.

6.3.1.1. - »Rohe Gewalt«

Der erste Pfad des Schadensmodells ist »rohe« Gewalt, und als »Gesundheit« oder »roher Schadenswert« beschrieben. Dieser Schaden bezieht sich auf das Eintreten von mechanischen Kräften wie beispielsweise bei einer **Kollision oder einem Rammstoß.**

Unter den Waffen gibt es nur zwei, die »rohe« Gewalt ausüben: Die Schienenkanone und der Plasmabeschleuniger. Beide geben etwa 80% ihres Schadens als »rohen« Schaden an ihr Zielobjekt ab. Diese Besonderheit der zwei Waffen wird in PvP später von größerer Bedeutung sein, also bitte schon mal im Hinterkopf behalten, auch wenn es jetzt noch keine große Relevanz besitzt.

6.3.1.2. »Thermische« Gewalt

Der zweite Pfad des Schadensmodells ist »thermische« Gewalt. Sie wird beispielsweise in den Schiffs-Statistiken (Standard-Taste: »4« > Schiff > Statisik-Tab) als **Resistenz (Widerstandskraft) in Bezug auf die rohe Stärke dargestellt**.

Thermische Gewalt wird generell, wie könnte es auch anders sein, von »thermischen« **Waffen wie Lasern** erzeugt. Die Besonderheit ist, dass **Schilde, die nicht von Ingenieuren verbessert wurden**, eine etwas **geringere Belastbarkeit gegenüber Lasern (ca. -20%)** und eine **viel höhere Belastbarkeit gegenüber kinetischen Waffen (ca. +40%)** und **explosiven Waffen (ca. +50%)** besitzen.

Merke:
Bevorzugt erst mal die Laser gegen die Schilde einsetzen und sich die Munition der kinetischen und explosiven Waffen sparen, bis die Schilde Geschichte sind.

6.3.1.3. »Kinetische« Gewalt

Der dritte Pfad des Schadensmodells ist die »kinetische« Gewalt. Sie wird, ebenso wie die thermische Gewalt, als Resistenz dargestellt. Hier ist wichtig zu wissen, dass **die Hülle der Schiffe,** solange nicht von Ingenieuren verbessert – eine **etwas geringere Widerstandskraft** gegen **kinetische Waffen (ca. -20%) und explosiven Waffen (ca. -40%) besitzt.** Um kinetische Waffen gegen Hüllen effektiv einsetzen zu können existiert aber noch ein wichtiger Faktor: Die Größe. Waffen besitzen einen »Durchdringungsfaktor«, der je nach Waffenart und Größe unterschiedlich ist. **Besitzt eine Waffe einen kleineren Durchdingungsfaktor als ihr Opfer, kommt es zu einem Abzug an Effektivität.** Deshalb benutzt man, unabhängig von der Anzahl der Waffen je Waffenart, **möglichst große kinetische Waffen.**

Ein Klasse 1 Mehrfachgeschütz erhält bei einem Angriff auf eine Federal Corvette oder einen Imperial Cutter **Abzüge in ihrer Wirkung** in der Größenordnung **von mehr als 50%!**

Der vierte Pfad des Schadensmodells ist »explosive« Gewalt. Auch diese wird auch als Resistenz dargestellt. Da Schilde eine stark erhöhte (+50%) Widerstandskraft gegen diese Form besitzen, Hülle aber eine deutlich schwächere Widerstandskraft (-40%) ist das Verwenden von Raketen gegen Schilde (ohne Einflussnahme der Ingenieure) keine gute Idee. Die Verwendung als Hüllenwaffe ist vorbildlich, wenngleich der Abzug für »zu kleine« Waffen auch hier gilt, haben Raketen einen von der verwendeten Größe unabhängigen und **sehr hohen Durchdringungsfaktor:** Raketen richten auch an großen Schiffen enormen Schaden an.

Der fünfte Pfad des Schadensmodells ist eigentlich keiner. Es handelt sich um die Möglichkeit, ein Modul direkt zu beschädigen, was zum intermittierenden oder dauerhaften Ausfall desselben führen kann. Teils mit immobilisierenden, teils mit katastrophalen Folgen.

Modulschaden wird später in diesem Kapitel gesondert behandelt, er benötigt keine speziellen Waffen, kann aber durch geschickte Waffenwahl verstärkt werden.

An dieser Stelle sei aber trotzdem der (meist selbst verursachte) Schaden durch exzessive Hitze erwähnt, denn die meisten »Kommandanten« verursachen im Kampf schwere Schäden am eigenen Schiff, indem sie einfach den eigenen Hitze-Level außer Acht lassen.

Links oberhalb des Radars sieht man in Prozent die Aufheizung des eigenen Schiffs. Neben der Nähe zu Sonnen ist jegliche Aktivität im Schiff an Hitze gebunden: Waffenbenutzung, Manöver, Schubdüsen, Schildzellen und mehr.

Tipp:
Gewöhne Dir schon früh an, mit einem Auge auf dieser Anzeige zu fliegen! Hitzelevel von 120% und mehr machen in kürzester Zeit überlebensrelevante Hitzeschäden!

6.3.2. Montageart und Zielerfassung

Es gibt drei Arten von Zielerfassungen, von denen die Einfachste eigentlich gar keine ist:

6.3.2.1. Starr

Diese Waffen sind starr montiert und **erfassen kein Ziel, sie schießen** nur **geradeaus.**

Diese Aussage darf natürlich nicht so stehen bleiben. Im Elite Universum hat man früh erkannt, dass eine starre Waffe eine wahre Qual ist und hat selbst der starren Waffe eine Besonderheit mitgegeben: **Sie zielt auf alle Ziele im direkten Umfeld des Zielpunkts.** Das ist nicht viel, wer aber schon mal versucht hat, mit einer Waffe, die eigentlich zielgeführt ist, aber kein aufgeschaltetes Ziel erhält, präzise zu treffen, der sieht auf einmal wie viel dieses kleine aber meist unbekannte »Gadget« bringt.

6.3.2.2 Kardanisch

Diese Aufhängung verfolgt Ziele im vorderen Blickfeld des Schiffes, vorausgesetzt das Ziel ist für die Waffe voraus »sichtbar«. Kardanische Waffen haben einerseits ein hohes Zielerfassungsvermögen – **sie treffen viel und präzise** – sind andererseits aber **durch Düppel (siehe 6.2.3.1. Düppel-Werfer) irritierbar und etwas schwächer als starre Waffen.** Sie sind trotz allem vor allem **für den Anfänger von größter Bedeutung,** da sie nicht nur komfortabel sind (und mehr treffen als ein Mensch ohne Übung), sondern vor allem **die gefährliche Zielfixierung beseitigen:** Anstatt sich als Anfänger andauernd durch »Dich krieg ich noch!« mit anschließendem »sich-selbst-am-Gegner-zu-Tode-Rammen« zu nerven, zielt man mit dem Schiff einfach immer etwas unter den Gegner: **die Waffen verfolgen das Ziel nach oben, kein Rammschaden, alles Gut.**

6.3.2.3. Geschützturm

Bei dieser Aufhängung verfolgt die Zielführung **nicht nur Ziele im direkten vorderen Sichtbereich, sondern in allen für die Waffe sichtbaren Bereichen.** Je nach Platzierung kann der Radius bis annähernd 180 Grad reichen. Geschützturm-Waffen **verfehlen häufiger ihr Ziel** und sind in der Regel nicht gerade perfekt in der Zielführung. Sie sind wie kardanische Waffen **leicht durch Düppel irritierbar** und insgesamt **deutlich schwächer als kardanische Waffen.**

6.3.3. Waffenarten

Jetzt wird's langsam richtig spannend, denn die Auswahl der richtigen Waffe kann Dir, auch wenn sie im ersten Moment gar nicht so toll und durchschlagend erschien, buchstäblich die Haut retten.

6.3.3.1. Thermische Waffen

Zu den thermischen Waffen zählen grundsätzlich alle Laser Varianten: Impuls-, Salven- und Strahlenlaser. (Der Abbaulaser röstet dem Gegner höchstens ein paar vergessene Steaks auf der Außenhaut, aber selbst das ist zu bezweifeln. Auch der Powerplay Abbaulaser von Zamina Torval mit moderatem Schaden ist nicht wirklich eine Kampfwaffe).

Alle Laser haben eine Eigenschaft gemeinsam: Sie verlieren schon nach sehr kurzer Distanz deutlich an Schlagkraft (Impuls- und Salvenlaser ab 500m, der Strahlenlaser erst ab 100m, was aber auch nicht wirklich einen Unterschied macht). Das hat zur Folge, dass diese Laser **bei 1500m Entfernung vor allem Show sind**, aber nicht mehr wirklich viel Schaden erzeugen. Noch schlechter sind sie bei kleinen und wendigen Schiffen, denn mit steigender Distanz verfehlen sie diese Ziele meistens sowieso. Praktisch »viel Licht für nichts«.

Zwischen dem Impulslaser und dem Salvenlaser besteht kaum ein Unterschied. In der Regel ist der **Salvenlaser geringfügig stärker (+10%)** bei einer Spur **mehr Energieverbrauch (+10%)** aus dem Energieverteiler. Zudem erzeugt der **Salvenlaser mehr Hitze (+50%)**, dieses Plus an Hitze wird aber meist erst bei größeren Schiffen bemerkt, da es zwar ein Zunehmen der Temperatur ist, Impuls- und Salvenlaser aber im Vergleich zum Strahlenlaser immer noch relativ wenig Hitze erzeugen.

Impulslaser und Salvenlaser sind also nur von geringem Unterschied, da auch die Durchschlagskraft auf Hüllen und das Beschädigen von Modulen bei gefallenen Schilden fast gleich ist. **Generell ist der Salvenlaser für Anfänger die bessere Wahl, da er etwas mehr Schaden pro Zeit erzeugt, aber trotzdem fast die gleiche Ausdauer besitzt.**

Der Strahlenlaser besitzt ca. 25-33% mehr Schlagkraft als die beiden anderen Laser, dies aber bei enormen Nachteilen: Nicht nur ist er viel teurer, er benötigt vor allem **rund 5,5 – 6 mal so viel Strom aus dem Energieverteiler.** Das hat zur Folge, dass man **maximal 1/6 der Dauer der anderen Laser feuern kann.** Dazu erzeugt der Strahlenlaser eine **ordentliche Hitzelast,** die fast **doppelt so hoch ist wie die eines Impulslaser** und immer noch mind. 25% höher als die eines Salvenlasers. Auch die **geringfügig höhere Wirkung gegen Hüllen größerer Schiffe** macht den Strahlenlaser nicht besser.

Unterm Strich ist für Anfänger der Salvenlaser das Mittel der Wahl. Die Nachteile des ewig leeren Strahlenlasers (wer kann als Anfänger schon darauf achten, dass der »WAF« Anteil des Energieverteilers immer ordentlich geladen ist) disqualifizieren ihn bereits. Betrachtet man dann noch **die schlechte Umwandlung von verfügbarer Energie in Kampfeskraft,** dann wird's ganz schlimm:

Kämpfe finden – vor allem am Anfang – in Angriffswellen statt. Man feuert auf den Gegner während man auf ihn zu fliegt, dann begibt man sich hinter ihn in den Feuerschatten, um die Systeme aufzuladen und eventuell die Schilde mit einer Schildzelle nachzuladen. Während des Feuerns ist man (auch später!) mit 4 vollen »Pips« im »SYS« des Energieverteilers vertreten, um maximale Schildstärke bereit zu stellen. Eine typische Einstellung hierfür ist »4-2-0«, also »4 in SYS – 2 in ANT – 0 in WAF«.

Ich schlage ausnahmslos »4-1-1« für Anfänger vor, zur Vereinfachung aber hier mit »4-2-0«, denn der Unterschied in der Feuerdauer ist nicht wirklich groß.

Nehmen wir uns wieder eine von von den Ingenieuren nicht verbesserte Cobra Mk 3 als Beispiel, und statten sie zuerst mit **2 x Strahlenlaser Kardanisch Klasse 2** aus, dann mit **2 x Salvenlaser kardanisch Klasse 2,** beides mit dem größten und besten Energieverteiler den man einbauen kann: 3A, und vergleichen die Durchschlagskraft:

Salvenlaser:

- 2 x Klasse 2
- Energieverteiler 3A mit 24 MJ Kapazität
- 2 x 10,3 MJ pro Sekunde Schaden (= ca. 20,6 MJ/s)
- 2 x 0,49 Energieverbrauch am Distributor pro Sekunde (= ca. 0,98 MJ/s)

→ Daraus resultiert eine **Feuerdauer** von (Kapazität des Energieverteilers / Verbrauch): 24 MJ / 0,98 MJ/s = **ca. 24 Sekunden.**

Damit entsteht ein Gesamtschaden in Höhe von (Schaden pro Sekunde * Dauer): 20,6 MJ x 24 s = **ca. 495 MJ**

Im Vergleich dazu jetzt der Strahlenlaser:

- 2 x Klasse 2
- Energieverteiler 3A mit 24 MJ Kapazität
- 2 x 12,52 MJ pro Sekunde Schaden (= ca. 25 MJ/s)
- 2 x 3,44 (!) MJ/s Energieverbrauch am Distributor (= ca. 6,88 MJ/s)

→   Daraus resultiert eine **Feuerdauer** von (Kapazität des Energieverteilers / Verbrauch): 24 MJ / 6,88 MJ/s= **ca. 3,5 Sekunden.**

=> Und damit ein Gesamtschaden in Höhe von (Schaden pro Sekunde * Dauer):
<u>25 MJ x 3,5 s = **ca. 87,5 MJ**</u>

Somit ergibt sich rein von der Betrachtung der Effektivität einer »WEP« Ladung ein Schaden von ca. 87,5 MJ beim Strahlenlaser und von ca. 495 MJ beim Salvenlaser. Das entspricht einem Faktor von fast 5,5 mal mehr Schaden durch den Salvenlaser.

Wenn dies nun der einzige Faktor beim Ausstatten von Schiffen mit Waffen wäre, dann wäre das Elite Universum etwas für 8-jährige. In die Wahl der Waffen fließen aber viele Faktoren mit ein. Eine Feuerdauer von 24 Sekunden ist selbst mit sehr agilen und schnellen Schiffen, die viel »Zeit am Ziel« verbringen, viel zu viel. **Sinnvoller ist es,** Waffen zu wählen, die – falls keine Munition verwendet wird – **rund 10-15 Sekunden Feuerdauer bereitstellen,** abhängig davon, was man plant zu bekämpfen und wie man plant die Abstände und die Angriffswellen zu gestalten.

Tipp:

> »Kommandanten« die vorwiegend gegen computergesteuerte Gegner kämpfen sollten den Strahlenlaser nur bei einem eigenen sehr großen Schiff mit großem Energieverteiler, das so unbeweglich ist, dass es das kurze Zeitfenster »am Ziel« für maximalen Schaden nutzen muss., verwenden.

Generelle Empfehlung: Salvenlaser (oder Impulslaser)

Große Schiffe: Strahlenlaser

Ganz wichtig: Sobald Ingenieure mithilfe des Horizons Pakets möglich sind, ist all das auf einmal nicht mehr gültig. Man kann dann die wildesten Kombinationen aus Basiswaffe, Modifizierung und Spezialeffekt erzeugen… dafür wird es bald ein weiteres Buch geben, das sich speziell mit den idealen Zusammenstellungen mit Ingenieuren und anderen Möglichkeiten, die das Horizons Paket bietet, beschäftigt.

6.3.3.2. Kinetische Waffen

Kinetische Waffen verschießen in uralter Tradition Projektile. Anders als im Bereich Laser sind hier die Unterschiede aber viel größer.

Die Allzweckwaffe unter den kinetischen Waffen ist das Mehrfachgeschütz. Wie ein Gatling Maschinengewehr aus alten Erden-Western (Du weißt schon, großes Rohr mit vielen kleinen Rohren, das sich dreht und bei dessen Anblick die Feinde im Western gleich von alleine tot umfallen), verschießen diese Waffen eine Vielzahl kleiner Projektile mit **hoher Kadenz (Schusshäufigkeit) und recht hoher Projektilgeschwindigkeit.**

Aus diesem Grund ist das Mehrfachgeschütz in jeder Hinsicht **ein guter Allrounder:** Es hat einen **sehr niedrigen Energieverbrauch** aus dem Energieverteiler, es hat **reichlich Munition** und seine hohe Projektilgeschwindigkeit ermöglicht eine **große Reichweite** und verhindert gleichzeitig, dass der Gegner den Projektilen wirklich erfolgreich ausweichen kann.

Mehrfachgeschütze sind nicht sehr stark gegen Module, bringen aber einen verlässlichen und stetigen Fluss (unterbrochen vom Nachladevorgang) an Schaden über den Gegner.

Wie alle kinetischen Waffen ist das Mehrfachgeschütz **auf Hüllenschaden optimiert** und auf **Schilde etwas schwächer als vergleichbare Laser.**

Abgefeuert werden kann das Mehrfachgeschütz auf Distanzen bis 3 km, Sinn macht es aber meist nur bis ca. 2 km Entfernung, da sonst die Trefferquote zu stark sinkt.

Alternativ ist bei vielen »Kommandanten« die klassische **Kanone** beliebt, von der ich aber Anfängern abraten möchte.

Die Kanone besitzt ein viel geringeres Schadenspotential als das Mehrfachgeschütz, da ihre niedrige Geschwindigkeit eine hohe Anzahl an Fehlschüssen produziert.

Wenn die Kanone trifft ist ihr Schaden mit dem Mehrfachgeschütz vergleichbar, das geschieht aber ohne Tuning durch die Ingenieure **bei mehr als 1000 Metern Distanz nur selten.** Wer mit Kanonen kämpfen will, sollte exzellent fliegen können und mit einem wendigen Schiff sehr nahe am Gegner »tanzen«.

Eine echte Daseinsberechtigung hat die Kanone vor allem in großen Ausführungen – als mächtiger Modulkiller. Sind die Schilde einmal unten und man hat einen direkten Blick auf ein vulnerables und kampfentscheidendes Modul wie das Kraftwerk, **kann ein einziger Schuss aus einer Klasse 4 Kanone eben diesem Modul ein Ende bereiten.** Damit ist dann auch jede Kampfaktivität des Gegners vorbei.

Für Anfänger oder als Standardwaffe ist von der Kanone unbedingt abzuraten!

Die dritte kinetische Waffe ist die **Fragmentkanone.**

Diese Waffe macht mit nur drei schnell aufeinanderfolgenden Schüssen mehr als 80 MJ kinetischen Schaden und sie macht ordentlich Modulschaden. Leider ist sie in kleineren Größen schwach gegen die Hülle großer Schiffe und das ist nicht ihre einzige Schwachstelle:

Die Fragmentkanone ist für Anfänger eine Art Selbstmordkommando. Das kommt daher, dass ihre **Reichweite enorm begrenzt ist.** Selbst größere Schiffe muss man auf **unter 600 (!) Meter** an sich heran lassen, um trotz der enormen Streuung und der Schwächung auf Distanz ihr Potential ausnutzen zu können. **Bei kleineren Schiffen sind teilweise noch geringere Distanzen notwendig.** Das alles unter Beschuss, denn der Gegner schläft ja normalerweise nicht.

Es gibt in mittleren und größeren Schiffen, vor allem mit Hilfe der Ingenieure, reichlich Einsatzmöglichkeiten für die Fragmentkanonen oder die noch weiter verbesserte »Friedensstifter« **Fragmentkanone, die man durch Teilnahme am Powerplay erhalten kann.** Es sind allerdings auch legendäre »Anschlagswaffen«, was einem nicht unbedingt Freunde auf den ersten Blick einbringt. Man wird sofort in die Kategorie **Attentäter oder Serienkiller** eingeordnet.

Generell sollte man bei der Auswahl und der Platzierung der kinetischen Waffen folgendes beachten:

Kinetische Waffen benötigen einen Vorhaltewinkel. Bedingt durch ihre vergleichsweise geringe Projektilgeschwindigkeit (am Schlimmsten: die Kanone) muss man (oder die Zielführung) da hin zielen, wo nach erfolgter Reise zum Objekt der Begierde eben dieses Objekt hoffentlich sein wird. Je größer diese Distanz, desto länger dauert die Reise, desto länger besteht die Möglichkeit, dass eine abrupte Richtungsänderung einen Fehlschuss ergibt.

Der Vorhaltewinkel hat aber noch eine weitere Besonderheit: Lässt man sich auf einen Kurvenkampf ein oder bekämpft man ein schnelleres Schiff, wird sich dieses zumeist im eigenen Blickfeld nach oben bewegen.

Hat man nun kinetische Waffen auf der Unterseite montiert, ist deren »Blickfeld« umso mehr eingeschränkt, je weiter hinten sie montiert sind.

Bei einer Cobra Mk3 bedeutet das zum Beispiel, dass eine Kanone die größten Schwierigkeiten hat, ein Ziel sogar auf halber Höhe des Blickfelds zu erreichen, da der Vorhaltewinkel nochmal beträchtlich nach oben »drauf legt« und die Kanone diesen Bereich eben nicht »bedienen« kann (sie würde das eigene Schiff treffen).

Es macht also Sinn, eine kinetische Waffe auf der Oberseite oder seitlich am Schiff zu montieren, nur so kann die Waffe den Vorhaltewinkel ordentlich einhalten.

Eine andere wichtige Sache mit kinetischen Waffen ist deren Haupteinsatzzweck: **Das Beschädigen der Hülle.** Wie oben schon erwähnt, sind Waffen mit einem sogenannten »Durchdringungsfaktor« versehen. Das Gleiche gilt für Schiffshüllen. Ist nun der Durchdringungsfaktor einer Waffe kleiner als der der Schiffshülle, erhält sie einen Abzug beim bewerteten Schaden. (Anders herum gibt's leider keinen Bonus).

Da kinetische Waffen dazu noch fast immer einen deutlich geringeren Energiebedarf als ihre Freunde aus dem Reich des Lasers aufweisen, ist die Entscheidung (als Leitfaden!) einfach:

Tipp:
Die großen Waffenaufhängungen verwendet man für kinetische Waffen (wenn sie auf der Oberseite oder falls unten wenigstens weit vorne sind).

6.3.3.3. Explosive Waffen

Die dritte Waffengattung umfasst alles, was explodiert.

Die einfachste Variante davon sind die Minen. Diese ungelenkten Bomben werden einfach »abgelegt«, in der Hoffnung, dass ein Schiff in ihren Nahbereich gelangt und sie zündet.

Minen gibt es als reguläre Minen und als Schock-Minen. Letztere versetzen das betreffende Schiff gegen einen Abzug im erzeugten Schaden und sind dazu gedacht, Verfolger beim Zielen zu stören und damit Schaden am eigenen Schiff zu minimieren.

Das Problem bei Minen ist, dass selbst die dümmeren Computercharaktere sofort erkennen, welches Spiel mit ihnen getrieben wird und den Minen schnell und professionell ausweichen.

Minen sind somit, bis auf einige wenige Spezialfälle außerhalb der »Newbie Welt« eine klare NICHT-Empfehlung.

Etwas mehr Aufwand wird mit Raketen betrieben. Diese, nicht mit einer Zielaufschaltung versehenen, Waffen werden **von Hand in die richtige Richtung geschickt** und machen etwa 50MJ explosiven Schaden pro Schuss. Das hört sich zuerst verlockend an. Bis man feststellt, dass diesen Raketen recht einfach ausgewichen werden kann und der Schaden-über-einen-längeren-Zeitraum durch die niedrige Abschuss-Rate und die langen Nachladezeiten sehr gering ist. Nich dazu ist die Munition teuer.

Ungelenkte Raketen sind keine für Anfänger empfehlenswerten Waffen, haben aber eine Berechtigung als Zusatzwaffe für die Zeit in der die Schilde unten sind und maximaler Hüllen- und Modulschaden im Fokus liegen.

Gelenkte Raketen sind die nächste Evolutionsstufe. Ihre **Zielaufschaltung** benötigt zwar einige Zeit, danach verfolgen sie ihr Ziel mit großer Hartnäckigkeit über größere Distanzen und mit vergleichsweise hoher Geschwindigkeit.

Sie sind allerdings durch Punktverteidigungen (siehe unter 6.2.3.6. Punktverteidigung) schnell ausgeschaltet und damit wirkungslos. Und als wäre das nicht genug sind sie auch durch **elektronische Gegenmaßnahmen (siehe unter 6.2.3.2. EGM)** schnell in den Ruhezustand versetzt. Aus diesem Schläfchen wachen sie zwar nach einiger Zeit wieder auf, finden aber meist den Gegner nicht mehr in Zielerfassungsnähe vor.

Gelenkte Raketen sind – wenn es denn explosive Waffen sein müssen – die für Anfänger am ehesten geeigneten. Ihre Versager-Rate und ihre hohen Kosten machen sie aber in keinem Fall zur Waffe erster Wahl.

Ein Spezialfall – allerdings kein besonders guter – sind Torpedos.

Diese »riesigen Raketen« machen zwar deutlich mehr Schaden, als eine Rakete (ca. 120 MJ an explosiver Wirkung sind zu erwarten), sie sind aber extrem langsam (ca. 250 m/s) und man kann ihnen leichtausweichen. Torpedos sollten nur im Abstand von 1-2 km abgefeuert werden, während der Gegner möglichst frontal auf einen zu fliegt. **Selbst mit bestem Timing verfehlen aber die meisten Torpedos ihr Ziel – und das zu horrenden Kosten.**

> **Eine – nicht nur für Anfänger – absolute und eindeutige NICHT-Empfehlung!**

6.3.3.4. Seltsames

Die Rubrik »Seltsames« ist als schmunzelnde Anerkennung an Elite zu verstehen, dass es auch »speziellere« Waffen kennt und nicht nur Kanonen und Laser.

Die »seltsamste« Waffe gleich vorab:
Die Schienenkanone. Diese ist nur in den Klassen 1 und 2 erhältlich und das aus gutem Grund: Ihre Hitzeentwicklung und ihr Energiebedarf aus dem Energieverteiler sind riesig. Man benutzt sie deshalb ohne Hilfe der Ingenieure (zur Hitzeverminderung und Effektivitätssteigerung) vor allem als **»Waffe für bestimmte Gelegenheiten«.**

Eine Schienenkanone muss manuell aufs Ziel gerichtet werden und besitzt keine Zieleinrichtung. Dazu kommt noch, dass sie drei Sekunden lang aufgeladen werden muss, bevor sie feuert. Sprich: Man hält die Feuertaste drei (lange) Sekunden gedrückt, während man das Ziel drei (lange) Sekunden im Fadenkreuz hält. Dann und nur dann wird man mit bis zu 40 MJ Schaden der Klasse 2 Schienenkanone belohnt.

Warum macht man sich dann die Mühe?

Als Anfänger überhaupt nicht!

Die Schienenkanone hat einen Vorteil, der daraus besteht 80% ihres Schadens auf den »rohen« Schildwert zu richten, d.h. die 40 MJ Schaden werden nicht auf eine der Resistenzen wie »thermisch« oder »kinetisch« abgegeben, sondern auf den Basiswert der Schilde. Dieser Vorteil ist für Anfänger aber keiner, da in diesem Bereich die wenigsten »Kommandanten« Schilde mit geringem Basiswert und hohen Resistenzen betreiben und Computergegner erst recht nicht.

Schienenkanonen seien für Anfänger nur deshalb überhaupt erwähnt, weil sie »was anderes« sind, oder weil man damit schon mal für die große PvP Karriere üben will. Und sie sind vorhanden, also gehören sie auch in die Aufzählung. Das war's aber auch schon.

Die zweite große Seltsamkeit in Hinblick auf Waffen ist der Plasmabeschleuniger.

Diese Waffe ist in den Größen 2-3 erhältlich und der Kanone im Verhalten sehr ähnlich, verschießt doch auch sie langsame Projektile, denen man leicht ausweichen kann. Trifft der Plasmabeschleuniger sein Ziel, wird er schnell zur echten Gefahr. Selbst der »kleine« Klasse 2 Plasmabeschleuniger erzeugt schon fast 55 MJ Schaden pro Schuss; und das wie die Schienenkanone zu 80% Anteil im »rohen« Schildbereich.

Leider ist auch der Plasmabeschleuniger extrem Energiehungrig und somit ist nicht nur WAF immer dann leer, wenn man gerade feuern will, auch der Schadenswert über einen längeren Zeitraum leidet darunter.

Dazu kommt die hohe Versagerrate, weil die niedrige Projektilgeschwindigkeit Treffer über 1000m zur Seltenheit macht. Alles in Allem ist der Plasmabeschleuniger also ebenso wie die Schienenkanone keine Waffe für Anfänger, es sei denn man will konsequent auf eine spätere PvP Karriere hin arbeiten.

Auch in der Rubrik »Seltsames« kommt noch eine Waffe unter, die bei reiflicher Überlegung gar nicht so seltsam ist: Sie ist mächtig, sie macht immens Schaden, sie hat reichlich Munition und es ist nicht allzu schwer mit ihr zu treffen: **DEIN SCHIFF.**

Merke:
Du kannst jederzeit Deinem Gegner schweren
Schaden zufügen, indem Du ihn rammst.
Er Dir aber auch. Leider.

Die Frage wer wem mehr weh tut ist nicht einfach durch die Schiffsgröße zu entscheiden. Vielmehr wird durch die Bewegung beider Schiffe kinetische (hat nichts mit den vorhin beschriebenen Waffen zu tun) Energie erzeugt, die dann auf die »Unfallgegner« verteilt wird. Stichwort Physik Unterricht, unelastischer Stoß, Energie-Erhaltungssatz......

Hast Du an Deinem Schiff intakte Schilde und Dein Gegner ist »auf Hülle«, dann ist an einem saftigen Rammstoß nichts auszusetzen. Habt ihr beide »verletzte« Schilde oder seid ihr gar beide »auf Hülle«, dann solltest Du einen Rammstoß nur dann durchführen, wenn Du ungefähr über die Stabilität Deines Schiffes (und die des gegnerischen Schiffes) Bescheid weißt.

Wichtig ist zu wissen, dass die eigene Geschwindigkeit ebenso den erzeugten Schaden erhöht wie der Aufprallwinkel und die Form der beteiligten Schiffe – ja Elite Dangerous ist so komplex – eine »streifende« Python macht beispielsweise deutlich weniger Schaden als ein »sich verkeilender« Imperial Clipper.

Mit dem Clipper sind wir dann auch gleich beim Thema: **Computergegner rammen!** Und wie! Bei einigen Schiffen wie dem Clipper gehört das Rammen zu den gefährlichsten Eigenschaften – und das Ding sprintet wie eine Katze der jemand auf den Schwanz getreten ist (bitte NICHT ausprobieren, Katzen sind überwiegend sehr liebenswürdige Geschöpfe und einer nicht-liebenswürdigen Katze willst Du erst recht nicht auf den Schwanz treten!). Sagen wir einfach, der Clipper ein Schnellstarter, und zwar so richtig.

Also bitte neben der eigenen Überlegung, den eigenen Schiffsrumpf als Waffe einzusetzen, auch immer auf den Gegner achten. Ein 1000 Tonnen Clipper, der einem auf einmal bildfüllend mit 450 m/s entgegen spurtet, lässt die eigenen 250 Tonnen einer Cobra Mk3 schnell nicht nur alt sondern auch kaputt aussehen.

6.3.4. Modulschaden

Wie bei den Hinweisen zum Schadensmodell am Anfang des Kapitels beschrieben, können Module im Falle gesenkter Schilde oder von vorneherein zu klein dimensionierter Schildgeneratoren Schaden nehmen.

Um selbst dem Gegner Modulschaden zuzufügen, nutzt man zuerst die Funktion zum »Durchschalten der installierten Module« (Standard-Taste: »Z«). Man erhält dann nacheinander Informationen zu allen installierten Modulen des Gegners, sofern man ihn zuvor als Ziel aufgeschaltet hat.

Wer nicht einzeln durch die Module durchschalten will, der öffnet das linke Im-Schiff-Fenster (Standard-Taste: »1«) und wechselt ins »Ziel« Feld. Dort finden sich alle installierten Module mit Prozentsatz der Systemintegrität.

Wählt man nun ein Modul an (entweder im »Ziel«Feld durch »anklicken« oder durch manuelles Durchschalten der Ziele bis zum gewünschten Modul) so zeigt sich auf dem Ziel eine »Hitbox«, ein kleines, in Standard-Farben rotes Feld. Trifft man bei gesenkten Schilden mit einer Waffe in dieses Feld, nimmt das darunter liegende Modul Schaden.

Je nach verwendeter Waffe unterscheidet sich der verursachte Schaden beträchtlich und einige Waffen sind als echte »Modulkiller« bekannt, zum Beispiel große Kanonen oder große Plasmabeschleuniger. Ist kein Modulschutz installiert und hat man freies Schussfeld auf das »begehrte« Modul, beispielsweise das Kraftwerk, können mit diesen Waffen 1-2 Schuss ausreichen, um den Gegner lahmzulegen.

In der Defensive sollte man darauf achten, dass die für eine eventuelle spätere Flucht wichtigen Module nicht »offen gelegt« werden: Schubdüsen, Kraftwerk und Sprungantrieb sollten dem Gegner nicht präsentiert werden. Deshalb hier der dringende Rat: Weg boosten während man die Flucht vorbereitet ist oft die schlechteste Option, vor allem wenn man noch »Hülle übrig« hat. Sich zum Gegner hin drehen während der Sprungantrieb lädt, kann zwar dramatisch aussehende Folgen wie reichliche Modulausfälle vor allem an den Waffen oder sogar eine undichte Pilotenkanzel haben, das was einem das Leben rettet (der Antrieb) bleibt aber unangetastet, denn es ist nicht in der Schussbahn. So kommt man unter Umständen mit dem ein oder anderen blauen Auge davon.

6.3.5. Ingenieure

Das Allerwichtigste vorab: Ist Dein Schiff nicht mit einigem Aufwand in der Leistung gesteigert und an die aktuellen Stärken und Schwächen des Kampfes angepasst, (und das ist es erst mit Einsatz der im Horizons Paket auftauchenden Ingenieure) lasse Dich bitte nicht auf Kämpfe mit anderen »Kommandanten« ein, es sei denn, diese wurden »unter Freunden« abgesprochen. Tödliche Überlebenskämpfe gegen andere menschliche Spieler ohne Ingenieure (und die Möglichkeiten die diese bieten) sind Selbstmord!

Der Hintergrund ist, dass die im Horizons Paket vorhandenen Ingenieure einen Leistungszuwachs (und zusätzliche Gemeinheiten) bereit stellen, die ihresgleichen suchen und jeden Versuch eines Kampfes von vorneherein zugunsten des getunten Schiffs entscheiden.

Die Ingenieure sind »Charaktere« (eigentlich eher Schiffsbasen) zu denen Du unter den unterschiedlichsten Bedingungen Zugang erhältst. Mal musst Du 5000 Lichtjahre gereist sein, damit ein Ingenieur Dir Zugang gibt, mal musst Du tonnenweise Zigarren beibringen. Selbst das bloße Bekanntwerden mit einem Ingenieur kann an arbeitsintensive Bedingungen geknüpft sein.

Hast Du Zugang zum jeweiligen Ingenieur, bringst Du ihm zu den üblichen Bestechungs-Objekten noch Materialien für das Erzeugen einer Verbesserung mit: »rohes« Material, wie Du es beispielsweise im Bergbau oder auf Planetenoberflächen findest, »hergestelltes« Material, wie Du es in Signalquellen oder an Kampfschauplätzen o.ä. findest und »Daten«, die auf unterschiedliche Art und Weise beschafft (gescannt) werden.

Diese Materialien können teilweise auch – zu ungünstigen Raten – bei Materialhändlern gegeneinander eingetauscht werden.

Nun wird beim Ingenieur eine Veränderung in Auftrag gegeben. Beim ersten Mal hast Du nur Veränderungen »Grad 1« zur Verfügung, danach auch Grad 2 bis 5, je nach Verfügbarkeit beim Ingenieur und Deiner »Würdigkeit«: hast Du Grad 1 einmal erzeugen lassen, erhältst Du Zugang zu Grad 2. Hast Du diesen mindestens 2x erzeugen lassen (manchmal auch 3x), dann erhältst Du Zugang zu Grad 3. Hast Du diesen Grad dann auch 3 x (manchmal auch 4x) erzeugen lassen… und so weiter.

Dies sind »Modifikationen«.

Hast Du Grad 3 einmal beim jeweiligen Ingenieur freigeschaltet, kannst Du zukünftig für alle Modifikationen ab Grad 1 zusätzlich einen **(Spezial-)Effekt** anbringen lassen.

Ein Beispiel gefällig? Gerne:

Als Fan alter Action Filme der Erde hast Du Deiner Cobra Mk3 eine »Arnold« Konfiguration spendiert: **Vier kardanisch aufgehängte Mehrfachgeschütze.** Diese sind zwar recht kühl in der Hitzeentwicklung und verschießen auch pro Durchgang (WAF Kapazität) rund einen Munitionsclip, sind aber nicht die Stärksten und schon gar nicht gegen Schilde.

Also bittest du den Ingeneur mit dem schönen Namen Todd »The Blaster« McQuinn um ein bisschen mehr Nachdruck und lässt Dir auf alle der kardanischen Mehrfachgeschütze eine Modifikation genannt »Überladen« anwenden. Eines der Mehrfachgeschütze bekommt zusätzliche einen Spezialeffekt »korrosiv«, damit dieses Geschütz die Hülle des Ziels nach dem Ausschalten der Schilde weich macht und dadurch für alle beteiligten Waffen die Wirkung auf die Hülle erhöht. Da kinetische Waffen nur kinetischen Schaden erzeugen, lässt Du die drei restlichen Waffen auf »entzündbar« Effekt verändern.

Vor den Modifikationen hat die Offensivseite Deiner Cobra damit so ausgesehen:

Mit 4 Pips in SYS für maximale Schildstärke, 0 in ANT für Antrieb und 2 in WAF erreichte sie 26 Sekunden Feuerdauer mit jeweils ca. 10.8 MJ pro Sekunde Schaden gegen Schilde und ca. 30 MJ pro Sekunde Schaden gegen Hülle.

Alles in allem konntest Du also theoretisch mit einer WAF Füllung 285 MJ Schildschaden oder ca. 780 MJ Hüllenschaden anrichten.

Nachdem Todd mit Basteln fertig ist, schafft Dein kleiner Energieverteiler leider nur noch 16 Sekunden am Stück, dies aber mit rund 31 MJ pro Sekunde gegen Schilde und rund 60 MJ gegen Hülle (40.5 MJ/s plus »korrosiv« Effekt der mind. 50% mehr Schaden erzeugt).

Im Endergebnis gibt das pro WAF Füllung ca. 480 MJ Schildschaden oder ca. 960 (!) MJ Hüllenschaden.

Das bisschen Bastelei erzeugt also mindestens 50% mehr Schaden gegen Schilde und nochmals mindestens 20% mehr Hüllenschaden – vorsichtig gerechnet.

Um im Kampf gegen Deine – nur an den Waffen – getunte Cobra Mk3 bestehen zu können, müsste eine andere Cobra also mindestens 50% mehr Schildstärke und mindestens 20% mehr Hüllenstärke besitzen. Ohne Ingenieure unmöglich.

Das ist aber nicht alles. Die Ingenieure haben reichlich was »in der Trickkiste«: Sie können Waffen so modifizieren, dass sie Schildgeneratoren lahmlegen, Schildzellen bei Benutzung inaktivieren, Sprungantriebe rebooten, den Hitzepegel im Schiff massiv steigern usw.

Und das sind nur die Waffen. Dazu kommen größere Sprungweiten, stärkere Schilde, kräftigere Kraftwerke usw.

Wenn Du auch nur ein bisschen Spaß am Ausstatten Deines Schiffes findest, dann denke bitte über den Erwerb des »Horizons« Paktes (und evtl. des passenden Buchs von mir, das es in Kürze geben wird) nach. Es lohnt sich auf jeden Fall, denn neben den Ingenieuren finden sich noch planetare Landungen, Guardians, Thargoiden, Multicrew und viele andere Sachen drin. Das Basispaket ist gewissermassen die erweiterte Demo, der richtige Spielspaß steckt im Horizons Paket.

6.3.6. Wenn es gefährlich wird

Es gibt im Kampfbereich vier Dinge an die man immer denken sollte. Alle wurden bereits hier und da besprochen, ich möchte sie aber trotzdem nochmal erwähnen, sozusagen zur Sicherheit:

4-in-SYS – Sollte die Grundregel im »Kommandanten« Gehirn sein. Wenn Dir sonst nichts zum Thema Kampf einfällt, »4-in-SYS« ist **überlebenswichtig**. Mit Maus und Tastatur: Pfeil runter, zweimal Pfeil links. Das ergibt 250% Schildstärke verglichen mit 0-in-SYS und ist wirklich in jeder Hinsicht kampfentscheidend.

Schildgeneratoren – Diese sollten immer und ausnahmslos groß genug sein, um die tatsächliche Schiffsmasse abzudecken. Ist ein Schildgenerator zu klein, deckt also seine maximale Masse die Schiffsmasse nicht ab, kann es zu Schäden an Hülle und Modulen kommen - bei immer noch intakten Schilden! Also bitte immer überprüfen, entweder im Ausstattungsbereich oder unter coriolis.io

Rammen – Ist keine Schweinerei, sondern ein Bestandteil der möglichen Kampftechniken. Aber Vorsicht: Es kann auch ins Auge gehen. Immer vorher sicher stellen, dass man auf der Gewinnerseite steht: mehr Schild, mehr Hülle, mehr Masse! Und dran denken: Auch der Gegner kann rammen...

Ausweichen – Ist keine sinnlose Tat. **Vor allem die langsam fliegenden Waffen wie Plasmabeschleuniger und größere Kanonen verlieren ihren Schrecken, wenn man kontinuierlich ausweicht.** Das wird nicht alle Treffer verhindern, verringert aber insgesamt den Schaden enorm.
Dazu beim Auf-den-Gegner-zufliegen einfach den Vektorschub nach unten (Standard-Taste: »F«) gedrückt halten. Dann alle 10-20 Sekunden 10-20 Grad nach links oder nach rechts rollen. Wird mehr oder häufiger gerollt, verringert das den Grad des Vektorschubs in die eine Richtung und damit die Wahrscheinlichkeit des Ausweichens.

6.3.7. Sonstiges

Sollte nach einem mehr oder weniger schweren Kampf mal was nicht richtig funktionieren – kein Sprungantrieb, keine Möglichkeit der Kontaktaufnahme mit der Station o.ä., dann öffne bitte das rechte Fenster im Schiff (Standard-Taste: »4«) und verwende den Schiffsbildschirm auf der Suche nach »Reboot/Repair«. Einmal ausgewählt, startet erst ein 3-Sekunden-Countdown, dann beginnt die reboot Sequenz, bei der alle Module notdürftig repariert werden. Das bedeutet nicht, dass ein 0% Modul wieder 100% bekommt, aber in der Regel ist es zumindest kurzzeitig nochmal zum Leben zu erwecken.

In den rund 45 Sekunden dieser Funktion bist Du völlig hilflos und wehrlos, Du solltest sie also nur anwenden, wenn Du wenigstens halbwegs in Sicherheit bist. Sollten die Module beim ersten Neustart nicht genug »geheilt« werden, kannst Du den Vorgang auch noch 1-2 Mal wiederholen.

7. Externes

Elite Dangerous hatte eine schwere Geburt. Nachdem die 1993er Version von Elite so hoffnungslos instabil und voller Fehler war, dass es kaum auszuhalten war, konnte die 1995er Version, die nachgeschoben wurde, den entstandenen Schaden nicht wirklich wiedergutmachen.

David Braben, der Kopf von Frontier Developments hat in den darauffolgenden 15+ Jahren immer wieder versprochen, eine neue Elite Version auf den Markt zu bringen, dies ist aber aus den verschiedensten Gründen gescheitert, einer davon wohl der Mangel an Kapital für ein Projekt dieser Größenordnung.

Durch den Low-Budget-Ansatz, der dann 2013 mithilfe eines crowdfunding Projects gestartet wurde und den ersten Release von Elite Dangerous Ende 2014 ermöglicht hat, mussten natürlich Abstriche an den Investitionen vorgenommen werden. Zu der »interessanten« Struktur der Serverlandschaft und der Kommunikation zwischen den Spielern gehörte vor allem: **Instruktionen, Anleitungen, Geschichten. Das alles sollte ein »Community« Projekt werden.**

Und das wurde es auch. Es gibt eine große Landschaft an Projekten zum Thema Elite – von kleineren Tools, online wie offline, bis hin zu riesigen Datenbanken, die live von Spielern aktualisiert werden. Und das alles bei marginalem Support seitens Frontier Development.

Die »Player Base« von Elite ist treu, aktiv und hoch kompetent.

Hier gibt es nun die wichtigsten Webseiten zum Thema Elite Dangerous. Natürlich gibt es unzählige weitere, die meisten davon sind aber redundant oder Abwandlungen der hier vorgestellten. Mit diesen ist das Meiste abgedeckt.

7.1. Dinge finden

Immer wieder kommt man in Elite an den Punkt, an dem man etwas sucht:

- Systeme
- Stationen
- Schiffe
- Module
- Materialien für Intenieure
- Handelsrouten

Und mehr. Viel mehr. Das alles ist in einer wundervollen Seite zusammengefasst:

www.EDDB.IO
(www.eddb.io)

Eddb verarbeitet Daten, die über die große, von aktiven »Kommandanten« live gefütterten Datenbank verwaltet werden.

Abhängig von der Art der Daten ist das Meiste hochaktuell (der »Ticker« des Hintergrundsimulators, der allabendlich durchläuft und der »Korrekturticker« morgens machen zwar bestimmte Dinge wie den aktuellen Zustand des Systems in wirtschaftlicher Hinsicht manchmal etwas unsicher, aber bevor man auf eddb-Daten basierend längere Reisen antritt, kann man die Daten ja kurz in der Galaxie- und der System-Karte validieren.)

Wenn Du dazu beitragen willst bei jedem Andocken die Datenbank von eddb.io (und anderen Community Projekten die hierauf basieren) zu aktualisieren, dann lies bitte weiter unten zum Thema »Elite Dangerous Market Connector« - dieser kann noch viel mehr!

Beispiel zu eddb.io?

Du suchst einen Platz in der Nähe Deines aktuellen Systems »Eravate«, der eine ASP Explorer verkauft. Du benötigst gute Schubdüsen (5A), einen guten Sprungantrieb (5A) und gute Schilde (6A) nebst Schildboostern (0A).

Du öffnest eddb.io und wählst den Stationsfinder an.

Unter »ship« wählst Du die ASP Explorer, unter »modules« wählst Du die oben angegebenen Module. Nach einem Klick auf »search« erscheint eine Liste.

Diese Liste kannst Du sortieren lassen, normalerweise wählt man »niedrigste Entfernung«.

Nun kannst Du einfach auf die entsprechende Station klicken, um mehr über sie zu erfahren – oder sie einfach per copy & paste im Schiff in die galaktische Karte übertragen, um eine Route dorthin zu erzeugen.

Ohne eddb.io sind Suchen nach Schiffen und Modulen, vor allem der größeren Klassen, je nach Standort eine echte Pein.

7.2. Schiffe bauen

Schiffsbau ist eine sehr komplexe Angelegenheit, die oft mit größter Präzision in der Abstimmung der Bauteile und des Energiebedarfs einher geht.

Umso wichtiger ist es, eine klare Vorstellung dessen zu haben, was man da baut.

Zwei Webseiten haben mit großem Aufwand alle Daten aller Bauteile zusammengetragen und diese mit beeindruckendem Programmieraufwand zu echten Elite Dangerous Schiffs-Konfiguratoren gemacht:

CORIOLIS.IO
(coriolis.io)

und

EDSHIPYARD.COM
(edshipyard.com)

Zur Drucklegung ist edshipyard.com im Umbau – achte bitte auf den Knopf zur Beta, bevor Du dich entscheidest welchen Konfigurator Du nutzen möchtest. Edshipyard hatte lange die Nase vorn, **Coriolis hat sich in der letzten Zeit aber immer mehr als Referenz durchgesetzt.**

Zwei wichtige Tipps zum Thema Coriolis.io:

1. Coriolis kann **Kurzlinks zu Deinem Schiff** erzeugen (Kettensymbol rechts oben), das ist sehr hilfreich wenn Du es jemandem Erfahrenen schicken willst, damit er sich Deine Konfiguration mal näher anschaut.

2. Du kannst Dein aktuelles Schiff im Spiel **ins Coriolis Interface exportieren** – mithilfe des schon erwähnten »Elite Dangerous Market Connector«, der weiter unten noch beschrieben wird. Das ist extrem hilfreich und komfortabel, wenn Du Änderungen an einem bestehenden Schiff durchspielen willst bevor Du sie erarbeitest.

Lass Dich bitte nicht entmutigen, wenn Du coriolis oder edshipyard das erste Mal öffnest. Beide erschlagen einen regelrecht mit teilweise kryptischer Information im absoluten Überfluss. Schiffe richtig ausstatten ist schwer, aber es lohnt sich und nach etwas anfänglicher Frustration ist die Lernkurve umso steiler. Auf geht's!

7.3. News, Infos und Selbstdarstellung

Da Elite Dangerous viel von einem Aufbauspiel hat, einer Welt in der man sich auslebt, sich darstellt, wächst und gedeiht, ist es nur natürlich, dass man das auch zeigen will.

Eine wundervolle Webseite – ja eigentlich DIE Webseite schlechthin ist

INARA.CZ
(inara.cz)

Diese englischsprachige Webseite enthält nicht nur die Möglichkeit, ein persönliches Profil zu erstellen, damit alle Welt sehen kann was für ein »toller« Kommandant man doch ist, inara.cz ist auch Diskussionsplattform und Informationsquelle ähnlich eddb.io.

Es lohnt sich auf jeden Fall sich dort zu registrieren, nicht nur ist inara.cz der erste Anlaufpunkt beim »abchecken« ob, der »Kommandant« dem man da gerade begegnet »ein Guter« oder ein Bösewicht ist, inara.cz kann auch enorm hilfreich sein.

Koppelt man nämlich inara.cz mit dem oben immer wieder erwähnten »Elite Dangerous Market Connector« erhält man eine einmalige Kombination: Elite Dangerous meldet dann immer den aktuellen Stand an gespeicherten Materialien für die Ingenieure an inara.cz. Dort kann man mithilfe gespeicherter »Kochrezepte« zum Thema Ingenieure immer genau im Auge behalten, was einem für das nächste Schiffsprojekt noch fehlt.

7.4. Addons

Diese kleinen Helferlein können einem »in game« das Leben leichter machen.

Das vielleicht wichtigste Tool (das deshalb weiter oben schon reichlich erwähnt wurde) ist der

Elite Dangerous Market Connector (EDMC)

Dieses kleine Windows Programm kann von **github** (einer großen Entwicklerplattform) herunter geladen werden – am Einfachsten ist es, einfach den Namen (s.o.) in die Suchmaschine der eigenen Wahl zu kopieren. Die Installation ist kurz und selbsterklärend, das Programm wird beim ersten Start mit den Frontier Zugangsdaten versorgt und schon geht's los.

Der Elite Dangerous Market Connector (kurz: edmc) zeigt sich als normales Programm mit den Daten des »Kommandanten«, dem Schiffsnamen und dem Systemnamen. Falls man an einer Station angedockt ist, auch noch mit deren Namen.

Klickt man auf den Schiffsnamen, wird's magisch: Das aktuelle Schiff wird in einen der oben beschriebenen Schiffskonfiguratoren exportiert (welcher ist abhängig von der Auswahl in den Optionen des edmc) und kann dort verwendet werden, um etwaige Verbesserungen schon mal »im Trockendock« durchzuspielen. **Diese Funktion ist gold wert.**

Klickt man auf den System- oder den Stationsnamen, erhält man Informationen abhängig davon, welche Anzeige man in den Optionen zuvor ausgewählt hat.

Aber »edmc« kann noch mehr: Ist man bei inara.cz registriert, kann man im dortigen persönlichen Bereich den **API Schlüssel** entnehmen und in edmc speichern. Ab diesem Zeitpunkt wird automatisch jede Veränderung an der eigenen Ladung (auch der Ingenieursmaterialien) und am Schiff, sowohl erfolgte Missionen, Abschüsse usw. dem Journal von Elite Dangerous entnommen und **direkt in inara.cz eingespielt.** Dadurch entfallen nicht nur die lästigen Einträge in inara.cz, um seine Daten aktuell zu halten, es werden auch zusätzliche Informationen bereit gestellt, die man sonst nicht zur Verfügung hatte.

Wer also damit leben kann, dass ein kleines Tool von github mit den Zugangsdaten zu Frontier hantiert (in all den Jahren gab es keinen einzigen sicherheitsrelevanten Zwischenfall mit edmc, von dem ich wüßte), der hat mit edmc ein wundervolles Tool, das einem die Arbeit sehr erleichtert.

Elite Dangerous Recon (EDR)

EDR ist ursprünglich aus dem Wunsch heraus entstanden, »böse Buben« verfolgen zu können - es sollte automatisch Sichtungen von fragwürdigen Gestalten an Kopfgeldjäger übertragen.

Leider hat EDR, trotz des eindeutigen Bedarfs, zu wenige »Kunden« erreicht, um zuverlässig Kopfgeldjagd betreiben zu können – obwohl die Hinweise hilfreich und zahlreich sind.

»Kommandant« Lekeno hat aber nicht locker gelassen und EDR sukzessive um weitere Funktionen erweitert. Es ist jetzt – nach Registrierung – nicht nur dazu in der Lage eine Art »persönliche Kontaktkartei« zu führen, es besitzt auch reichhaltige Informationen über das Erlangen von gesuchten Ingenieursmaterialien und Hilfsmittel deren Quellen professionell und fehlerfrei anzufliegen.

Um EDR zu finden sucht man auch hier am besten mit der Suchmaschine der eigenen Wahl, oder geht auf Lekeno's github Seite:

https://www.github.com/lekeno/edr

EDR ist ebenso wie EDMC eine echte Empfehlung!

8. Anschluß finden

Elite Dangerous ist kein klassisches MMO, aber es birgt (vielleicht gerade deswegen) ein riesiges Potential neue »in game« Freunde zu finden.

Im Folgenden eine kurze Übersicht, wie man das erreichen kann, aber vorab nochmal die Erinnerung: Elite Dangerous paart »Kommandanten« nach »Real Life Geographie«, nach Schiffstyp und nach Schiffsausstattung, nach Verhalten und vielen weiteren Faktoren. Es befinden sich meist nur wenige »Kommandanten« in einer »Instanz«, also innerhalb einer für diese sichtbaren Teil-Welt.

Will man sich mit Freunden treffen, sollten diese zumindest in der Freundesliste eingetragen sein. Der »Vermittler« (engl. Matchmaker) wird immer versuchen, Freunde in eine gemeinsame Instanz zu bringen. Das hat übrigens auch Auswirkungen auf das gesamte Spielerlebnis: Hat man »böse« Freunde, ist die Wahrscheinlichkeit, dass man anderen »bösen Buben« begegnet höher – zumindest wenn die »bösen« Freunde online sind.

Sollte es mit dem Treffen nicht klappen, erzeugt man einen vorübergehenden »Wing« - ein Geschwader. Dieses versucht dann mehr oder weniger mit Gewalt, die Wingteilnehmer in eine Instanz zu bekommen – was meistens auch klappt. Falls nicht: Einfach in ein anderes System springen und sich dann wieder in einem treffen.

8.1. Vor Ort Freunde finden

Bevor man Freunde in der Freundesliste hat, muss man diese selbstverständlich erst mal kennenlernen.

Dazu vorweg erst mal eine kleine Enttäuschung: In den ersten 1- 2 Stunden in Elite wird man vom Vermittler mit Gewalt vor Fremdkontakt geschützt: man erhält, wenn überhaupt, nur spärlichen Kontakt und das auch nur mit »Kommandanten« die sich bisher – für den Vermittler - als ehrenwert gezeigt haben. Selbstverständlich kann das den einen oder anderen Serienkiller, der sich bisher bedeckt gehalten hat, nicht abhalten, meist funktioniert es aber ganz gut.

Echte »Menschen« in der Umgebung erkennt man auf dem Radarschirm als nicht aufgefüllte (hohle) Symbole. Hat man ein solches Symbol auf dem Schirm, kann man entweder mit der (Schiffs-)nase darauf zeigen (und es als Ziel aufschalten), um den Namen des »Kommandanten« zu erfahren, oder man kann einen »Rundruf« starten.

Mit dem Namen des Kommandanten kann man oberhalb des Chat Menüs auf den »Mann mit Schatten« klicken (Standard-Taste: »E«) wenn kein Cursor da ist, um dann dort mit einer Direktnachricht Ihn – und nur Ihn – anzusprechen.

Hat man keinen Namen oder will man einfach mal »Hallo« in die Runde sagen, reicht es einfach die Return Taste zu drücken, schon kann man in den »lokalen« Chat schreiben (kein Name sichtbar. Sollte doch fälschlicherweise ein Name erscheinen, schreib bitte »/l« ohne Anführungszeichen, um den lokalen Chat (alles in der Umgebung) anzusprechen).

Sieht man keine anderen Kontakte, geht aber davon aus, dass im System noch mehr Leute sind, kann man auch den Systemchat benutzen. Dazu schreibt man einfach »/s« oder »/system« am Anfang der Zeile (wieder ohne Anführungszeichen). Diese Funktion ist aber bisher noch etwas unzuverlässig. Wichtig ist: Der Systemchat ist normalerweise nicht sichtbar. Wenn der Chat offen ist, kann man mit »s« und »w« für »unten« und »oben« zwischen der regulären Chat Ansicht und der Systemansicht hin und her schalten.

Falls Du der Meinung bist, noch nie einen »Kommandanten« auf dem Schirm gehabt zu haben, dann schau mal oben auf das »Uhr« Symbol: Da siehst Du wer momentan (»jetzt«) in Deiner Nähe ist und wer es (mit Uhrzeit) war.

8.2. Die Squadrons

Wenn Du ein Gruppenmensch bist, dann magst Du vielleicht einer Spielergruppe beitreten, die ähnliche Interessen hat wie Du.

Dazu gibt es im Spiel die Funktion der Squadrons, erreichbar über das rechte Status-Fenster (Standard-Taste »4«).

Das Problem hier ist, dass die Beschreibung dieser Squadrons recht dürftig ist und viele die Funktion des Schnellbeitritts nicht aktiviert haben.

So oder so solltest Du dich vor dem Beitritt einer Gruppe in Ruhe darüber informieren, wie die Gruppe wirklich ist und nicht nur ihr Marketing Faltblatt lesen.

Beispiel: Im Startersystembereich von LHS 3447 wirst Du – vor allem in Eravate – immer wieder einer berüchtigten Spielergruppe begegnen. Deren selbst erzählte Geschichte ist die des edlen Einzelkämpfers, der Helden um sich geschart hat um das Startgebiet für neue »Kommandanten« zu beschützen.

In der Realität sieht das dann aber leider so aus, dass diese Gruppe eine recht fragwürdige Methodik hat, wer nun ihrer Meinung nach ein böser Bube ist. Dann kommt es schon einmal vor, dass rechtschaffene »Kommandanten« des Unfugs bezichtigt werden, oder dass im schlimmsten Fall ein »Kommandant« der Neulingen hilft (ja, das gibt es – nicht genug davon, aber es gibt diese Leute!) – auf die »Tötungsliste« kommt.

Diese Liste wird dann noch mit anderen »Föderalen« Gruppen geteilt und am Schluss ist der arme Kerl nicht nur von 500+ Mitgliedern von »Max Mustermanns Kindergartengruppe«, sondern von einem Vielfachen an »gesetzestreuen« Föderalisten gejagt, nur weil eines der Gruppenmitglieder einen schlechten Tag hatte und eben diesen mit einem »Bann« belegt hat.

In der Vergangenheit hat dieses »Wir diskutieren nicht sondern knallen einfach alles ab was uns begegnet« zu einer Vielzahl an Leuten geführt, die wieder damit aufgehört haben, Neulingen zu helfen. Und noch mehr: Das Vorhandensein dieser – praktisch nur Kampf betreibenden – Gruppe hat dazu geführt, dass sich anscheinend jeder böse Bube der Galaxie dazu berufen führt in den Startergebieten Neulinge abzuschlachten, um die Aufmerksamkeit von »Max Mustermanns Kindergartengruppe« zu erlangen und sich dann mit den »Helden von Eravate« messen zu können.

Deshalb auch hier nochmal der Hinweis nicht mit wertvoller Fracht oder wichtigen Missionen im »offenen« Spielmodus in Eravate und Umgebung herum zu fliegen... das geht früher oder später schief.

Nun ist dies nur eine der vielen Spielergruppen und wenn Du zu den Leuten gehörst, denen so was völlig egal ist – die einfach nur Spaß um jeden Preis haben wollen und eine Rechtfertigung für Ihre Tun benötigen, dann ist das der richtige Platz für Dich – völlig wertfrei. Nur sollte der Interessent halt vorher wissen auf was er sich da einlässt – und viele Mitglieder dieser – und anderer – Gruppen wissen es eben nicht. Einmal Mitglied ist die Loyalität zur Gruppe dann so stark, dass man die Scheuklappen aufsetzt...

Drum prüfe, wer sich ewig bindet, ob sich nicht doch was bess'res (oder ehrlicheres) findet. (Frei nach meiner Oma und Friedrich Schiller)

Um Dich einer Gruppe anzuschließen solltest Du also nicht nur einen genauen Blick auf deren Beschreibungen im Spiel und auf inara.cz werfen, sondern im Idealfall ein paar »Kommandanten« im Umfeld dieser Gruppen (nicht unbedingt nur Mitglieder, sondern eben auch solche, die die Gruppe von außen kennen) ansprechen, was die Gruppe denn nun wirklich macht. Eine der ganz großen Gruppen beispielsweise bewirbt große Heldentaten, um dann im SOLO Modus oder in der privaten Gruppe gefahrlos ihr Gebiet zu erweitern. Nicht viel Heldenhaftes daran.

An dieser Stelle auch nochmal der Hinweis: Die »kleinen Fraktionen« in Elite sind oft Spielerfraktionen. Beispielsweise unterstützt Du »Max Mustermanns Kindergartengruppe«, indem Du einfach nur an Cleve Hub oder Ackerman Station in Eravate andockst und dort Geschäfte machst. Oder indem Du für ihre kleine Fraktion in einem ihrer Systeme Missionen machst. Willst Du also nicht, ohne es wirklich zu wollen, diese Gruppe unterstützen, dann suche Dir einfach eine andere Station und erledige Deine Sachen einfach dort.

Denke bitte daran: In Elite hat der kleine Mann Macht. Seine Handlungen stärken oder schwächen diese (Spieler-)Fraktionen ungemein.

Die Regel gilt: Was Dir Geld bringt bringt dem Stationsinhaber auch Geld. Alles. Und zusätzlich Reparaturarbeiten und Einkäufe an der Station. Du hast Macht!

8.3. Discord

Es gibt unzählige Chats auf Discord zum Thema Elite Dangerous, die meisten davon sind jedoch entweder von Powerplay Gruppierungen (Zachary Hudson, Aisling Duval etc.) oder von Squadrons.

Ein offener Discord, der zusammen mit der größten reddit Gruppe zusammen entstand, ist der EDRD Discord. Hier finden »Kommandanten« eine zumeist recht harmonische Gemeinschaft und auch die Gelegenheit, sich schnell zu Aktivitäten zusammen zu finden.

Der Einladungslink zu diesem Discord ist:

https://discord.gg/elite

Wenn Du dich entscheidest, diesen Discord zu besuchen, denk bitte daran, dass es einer der zivilisierteren Plätze in der »Gaming Welt« ist und die Leute dort mit großer Bereitwilligkeit helfen. Der Umgangston ist zumeist entsprechend freundlich und höflich. Falls Dir einmal »schwarze Schafe« begegnen, scheu' Dich bitte nicht, diesen den Moderatoren bekannt zu geben.

9. Eingabegeräte: Keyboard, Maus, HOTAS, Controller

Eine der häufigsten Fragen von Anfängern betrifft die Auswahl des richtigen Eingabegeräts und danach des richtigen Produkts.

Generell gilt: Wähle die Eingabemethode, die Dir liegt. Wenn Du gerne mit Joystick oder HOTAS fliegst, dann verwende das auch. Wenn Dir Maus und Keyboard Freude bereiten, dann nimm das. Wenn Du eher der Konsolen Fan bist, dann nimm einen Controller. Lies aber bitte trotzdem weiter.

Die Kombination Maus und Keyboard ist mit Sicherheit nicht diejenige, die Dich ganz in die Welt von Elite eintauchen lässt - Stichwort»immersion«.

Maus und Keyboard haben aber neben dem geringeren Kostenfaktor gegenüber anderen Eingabemöglichkeiten einen anderen großen Vorteil: **Präzision**.

Ein großer Teil derer, die in Elite viel Kampf betreiben, ist mit Maus und Keyboard unterwegs. Die Maus besitzt die größte Präzision für die Verwendung (nicht zielgeführter) Waffen und die anfangs unübersichtlich erscheinende Tastatur ist einfach enorm vielseitig was besondere Konfigurationen angeht.

Eine spezielle Tastatur ist nicht notwendig, das gleiche gilt für die Maus. Bei beiden ist es aber hilfreich, Modelle mit integrierten Makro Funktionen zu verwenden, denn diese ermöglichen sekundenschnelles Umschalten der Energieverteiler-Einstellungen und andere Funktionen.

Übrigens: Die Verwendung von Makro-fähigen Eingabegeräten ist in Elite kein»Thema der Schande« - es wird im allgemeinen Konsens der Spieler sogar empfohlen!

Will man seine Tastatur nicht tauschen oder hat man ein begrenztes Budget, gibt man einer Makro-Maus den Vorzug vor einer Makro-Tastatur. Neben einer feinen Auflösung der Maus ist vor allem das Vorhandensein von mindestens 3 leicht erreichbaren (Daumen?!) Makrotasten von Vorteil.

Im Folgenden findet Ihr einige Beispiele und Kauftipps. Um Euch das Finden zu erleichtern steht immer darunter der QR-Code zum abscannen, ihr landet dann direkt beim entsprechenden Produkt auf Amazon.

9.1 Mäuse

Die Low-Budget-Gaming-Maus für Schnäppchenjäger

https://amzn.to/2CPXK7Z

Die Trust GXT 4155 ist mit Sicherheit nicht die billigste Gaming Maus auf dem Markt, aber verglichen mit den Top Konkurrenten immer noch ein absolutes Schnäppchen. Sie löst fein auf, kann mit Gewichten bestückt werden, was in PvP sehr hilfreich sein kann, und hat eine wunderbare Anordnung von Makro-fähigen Tasten, die mit dem Daumen bedient werden können.

Profi Maus mit Makro

https://amzn.to/2UmC4aI

Die Razor Naga Trinity Maus ist in jeder Hinsicht ausreichend: Reichlich Makro Knöpfe, liegt gut und stabil in der Hand, ist sehr fein auflösend.Wer mehr Geld ausgeben kann oder will, sollte sich den Kauf dieser Maus gut überlegen. Auf die Makro Tasten lassen sich neben den Energieverteiler-Einstellungen auch eine Vielzahl anderer Funktionen legen, was die Benutzung zusammen mit einem Keyboard deutlich vereinfacht.

Kabellose High-End Gaming-Maus, das optische Highlight

https://amzn.to/2DEIo7P

Wer eine High-End-Gaming-Maus sucht und dabei außerdem Wert darauf legt, dass selbige kabellos funktioniert, der möge sich folgendes Nagetier näher anschauen.

Dank Bluetooth mit extrem niedriger Latenz, gut in der Hand liegend und darüber hinaus auch noch sehr stylisch. 7 Tasten lassen sich frei programmieren und man kann seine die hier im Buch immer als (»Standard-Taste »soundso«) aufgeführte Bedienung ganz individuell auf die eigenen Bedürfnisse ausrichten.

9.2 Tastaturen

Die beste – passend zur Razor Naga Trinity Maus

https://amzn.to/2DEb8hc

Bei den Tastaturen gibt es passend zur oben beschriebenen Razor Naga Trinity Maus auch die Tastatur – eine High-End-Tastatur der Luxusklasse. Ein bisschen teurer aber das ist sie allemal wert. Die Tasten sind mechanisch perfekt austariert, die Beleuchtung passt irgendwie zu Elite und verleiht dem ganzen noch den gewissen Extra-Flair.

Günstige Gaming-Tastatur

https://amzn.to/2HD1uzq

Wer weniger Geld in die Hand nehmen will kann sich die mechanische LED-Tastatur von AUKEY mal genauer anschauen. Auch sehr schick beleuchtet und mit sehr, sehr guten Bewertungen sicher eine preiswerte Alternative zur Razor Blackwidow, wenn auch mit weniger Einstellungs-Möglichkeiten.

9.3 Joystick und HOTAS

... sind das Mittel der Wahl für diejenigen, die lieber»ganz mittendrin« sind und auf das letzte Quentchen Präzision verzichten können.

Es ist einfach ein ganz anderes Gefühl eine»richtige Steuerung« in der Hand zu haben, als»nur« Maus und Keyboard zu benutzen.

Ein Joystick oder HOTAS sollte zumindest eine Gier-Möglichkeit (Nase links, Nase rechts) durch das Verwringen des Joysticks besitzen. Besser ist es allerdings Pedale zu verwenden. (Kommandanten die ausschließlich ohne Stabilisierungsfunktion fliegen, verwenden gerne wie in der»echten« Raumfahrt einen zweiten Joystick für die Gierfunktion und den Schub.)

Bei den Preisen für günstige, aber brauchbare HOTAS muss man heute eigentlich keinen Joystick mehr verwenden.

Die günstige aber gute HOTAS-Version

https://amzn.to/2Ur7ddb

Thrustmaster liefert mit dem T.Flight Hotas One einen günstigen Einstieg in die HOTAS Welt Die Präzision ist überraschend gut und die relativ rutschsichere Ausführung macht die Verwendung zum Vergnügen.

HOTAS für Profis

https://amzn.to/2Tr6zMo

Qualität hat leider ihren Preis, aber das Warthog HOTAS von Thrustmaster ist eben DIE Referenz. Schlichtweg das Maß aller Dinge. Wer es wirklich ernst meint mit der Raumfahrt und den nötigen Geldbeutel dafür hat: Kaufen. Kaufen. Kaufen.

9.4 Controller und Gamepad

Beide bieten keine besondere Präzision und ich persönlich verstehe nicht so ganz, wie viele Gamer es als »imersion« betrachten, mit einem Controller ein Raumschiff zu fliegen. Allerdings sind viele diese Art der Steuerung von ihren Konsolen gewohnt und hey - Elite ist was Du daraus machst! Spiel Dein Spiel und verwende das was Dir am meisten Spaß macht.

Deshalb habe ich mich für Euch bei den Controller-Kommandanten umgehört, was denn da so am empfehlenswertesten ist.

Meistbenutzter Controller

https://amzn.to/2RTB9l7

Die meisten Kommandanten haben entweder Steam Controller verwendet – diese wegen ihres exzellenten Mappings – oder einen XBOX Controller – aus lauter Gewohnheit. Ersteren findest Du bei Steam, letzteren hier oder unter dem QR-Code / Link oben.

Der Einfachheit halber habe ich die oben gesammelten Links zu den besten Eingabe-Geräten nochmal für Euch zusammen gestellt und auf meiner Webseite zum Anklicken hinterlegt:

https://www.ed-howto.de/empfehlungen

10. Ausblick

Wie bereits im Vorwort ausgiebig angesprochen, ist dieses Buch kein vollständiges Werk. Das ist in dieser Größe schlicht nicht möglich, da die Elite Welt nicht nur uralt, sondern vor allem riesig ist.

Aus diesem Grund wird es – hoffentlich bald – zusätzliche Bücher geben, die die fortgeschrittenen Themen einzeln behandeln. Unter anderem zu den Themen Ingenieure, Fortgeschrittener Kampf und zu einzelnen Schiffstypen.

Mehr Infos und Ankündigungen sowie Aktuelles was Updates und Neuigkeiten angeht findet Ihr außerdem auf

https://www.ed-howto.de

Insofern, viel Spaß beim Spielen, allzeit guten Flug und »Stay tuned«

11. Anhang: Road to Riches – die Liste

Nr	Systemname	Objekt(e)	Distanz
1	Trappist-1	4	42,4
2	HIP 114458	A 2	103,7
3	HIP 116600	6	71,0
4	HIP 5845	A3	92,3
5	HIP 10047	12	60,0
6	HIP 10972	AB 1	26,6
7	Arietis Sector FL-Y c7	A 1	62,8
8	HIP 19217	7	36,2
9	Hyades Sector GB-X c1-21	1	40,6
10	HIP 21078	A7	42,7
	-> Ab hier: Pfadfinder Rang, 10 Millionen credits		
11	Col 285 Sector DV-Y d53	2 + 3	43,2
12	Col 285 Sector IL-X c1-12	1	14,8
13	HIP 22105	6	25,7
14	HIP 21863	A6	27,2
15	HIP 22306	4	23,8
16	HIP 19637	A 4 + A 5	52,0
17	Pleiades Sector KH-V c2-13	10	49,8
18	Pleiades Sector IR-W d1-36	5 a	31,8
19	HIP 17873	4	45,4
20	Synuefe ME-O b39-0	A2	77,4
21	Synuefe ER-V c18-5	2	48,8
22	HIP 15977	B 4	45,8
23	Synuefe JS-T c19-2	6	70,5
24	HIP 10697	10	50,0
25	HIP 10796	A4 + 2 weitere	75,6
26	Aries Dark Region HR-W d1-63	3	71,0
27	HIP 11316	2	59,2
28	Aries Dark Region GW-W c1-0	1	53,8
29	Mel 22 Sector NI-T d3-16	A 5	35,7
30	Mel 22 Sector PA-D b13-0	A 5	69,4
31	Mel 22 Sector NI-T d3-18	8	10,4
32	Mel 22 Sector JC-V d2-46	A 3	35,7
33	Mel 22 Sector WA-M b8-2	6	76,5
34	Taurus Dark Region HR-W c1-7	6	37,1
35	Taurus Dark Region QT-R b4-0	A 3	42,8

Nr	Systemname	Objekt(e)	Distanz
36	Mel 22 Sector FR-V c2-3	3	64,3
37	HIP 18119	6	36,4
38	Hind Sector AQ-Y d12	AB 1	66,6
39	Hind Sector LN-T c3-2	2	36,1
40	Hind Sector RT-R c4-5	A 1	75,2
41	Hind Sector KX-T c3-0	A 12	60,6
42	Taurus Dark Region FL-Y d19	7	54,5
43	HIP 23949	9	36,8
44	Mel 22 Sector JM-K b9-0	6	76,9
45	Synuefe VZ-E b31-3	5	51,5
46	Synuefe PI-B c16-4	A 2	65,8
47	Mel 22 Sector WZ-E b12-2	7	33,7
48	Mel 22 Sector UO-Q c5-4	A 6	44,2
49	Synuefe MP-M d8-56	6	111,5
50	Synuefe IJ-O d7-47	C 3	57,8
51	Synuefe MP-M d8-18	A 2	45,8
52	Synuefe NP-M d8-52	11	31,9
53	Synuefe WO-Z c16-9	3	80,4
54	Synuefe UT-Z c16-14	1	40,7
55	Synuefe UT-Z c16-17	2	26,5
56	Synuefe GT-O d7-79	5	110,5
57	Synuefe KZ-M d8-77	2	59,6
58	Wregoe KX-L d7-77	5	104,5
59	Wregoe LI-K d8-63	4	147,5
60	Wregoe LI-K d8-20	4	69,7

www.ingramcontent.com/pod-product-compliance
Lightning Source LLC
Chambersburg PA
CBHW071108050326
40690CB00008B/1159